武器としての会計思考力

Accounting for Business

会社の数字をどのように戦略に活用するか？

矢部謙介

日本実業出版社

はじめに

■会社の実態は必ず決算書に現れる

「ある会社の実態を調べたいと思ったら、どうしますか？」

この質問に対して、あなたはどのように答えるでしょうか？

「インターネットで新聞や雑誌の記事などを調べる」「製品やサービスを実際に見てみる」「その会社に勤務する社員に知り合いがいれば聞いてみる」――、様々な回答があることでしょう。これらの答えは決して間違ってはいません。新聞や雑誌の記事、実際の製品、サービス、社員……、どれも会社の実態を知るうえで有益な情報源です。

ただし、これらから得られる情報の多くは必ずしも数字の裏づけがない、定性的な情報です。定性的な情報だけでは、会社の本当の実態をつかむことはできません。

例えば、経営学を学ぶ大学生に対して、「日本で儲かっている会社はどこだと思う？」という質問を投げかけると、盛んに広告を出しているようなＢｔｏＣ企業（最終消費者に対して製品やサービスを提供している企業）の名前を挙げる学生が多いのですが、広告宣伝の派手な会社が必ずしもたくさんの利益を上げているとは限りません。

むしろ、広告宣伝をほとんど行なっておらず、多くの学生が知らないようなＢｔｏＢ企業（素材メーカーのように、会社対会社の取引を主体とする企業）のほうが、はるかに高い利益を上げているケースが多いのです。

ここで重要なのは、定性的な情報だけではなく、決算書などの会社の数字（会計の数字）も使って会社の実態を読み解くということです。決算書は、経営の実態と独立して存在するものではありません。経営の実態は、必ず決算書などの会計の数字に現れます。いわば、決算書は会社の実態を映し出す「鏡」なのです。

会計の数字に代表される定量的な情報と、定性的な情報を組み合わせて結びつけることで、会社の本当の姿を多面的に浮かび上がらせることができます。

■戦略を現実化するために会計の数字を活用する

一方で、会計の数字は、戦略を実行し、現実化していくときの助けにもなります。具体的には、会計の数字を活用すれば、次のようなことを定量的に行なうことが可能です。

> ①企業・組織がめざすべき姿を提示する
> ②戦略の実行状況をモニタリングする
> ③戦略を実行した成果を評価する

戦略を実行するときに会計の数字を使うことのメリットは、その会社や組織がめざすべき姿、戦略の実行状況、そして実行によって得られた成果を定量的に「見える化」できることです。

見えないものはコントロールできませんが、会計の数字を活用すれば、これらを定量的に「見える化」することができます。これは、戦略を立案し実行するときに、必要不可欠です。

▒会計思考力＝会計を使って「経営の現実を読み解く力」＋「経営の現実を変える力」

本書の目的は、読者の皆さんに、ビジネスの現場で武器になる「**会計思考力**」を身につけ、MBA（経営学修士）レベルの会計を使いこなせるようになっていただくことです。本書で言うところの会計思考力とは、次ページの図に示すような2つの能力を指しています。

1つは、**会計の数字を使って経営の現実を読み解く力**です。前ページで述べたように、会社の実態は必ず決算書に現れます。会計の数字を活用して会社の本当の姿を浮かび上がらせることができれば、いたずらに会社の「イメージ」に振り回されることがなくなります。そうすれば、地に足をつけた経営分析を行なうことができるようになります。

もう1つは、**会計の数字を使って経営の現実を変える力**です。会計の数字を使って会社

◉2つの「会計思考力」

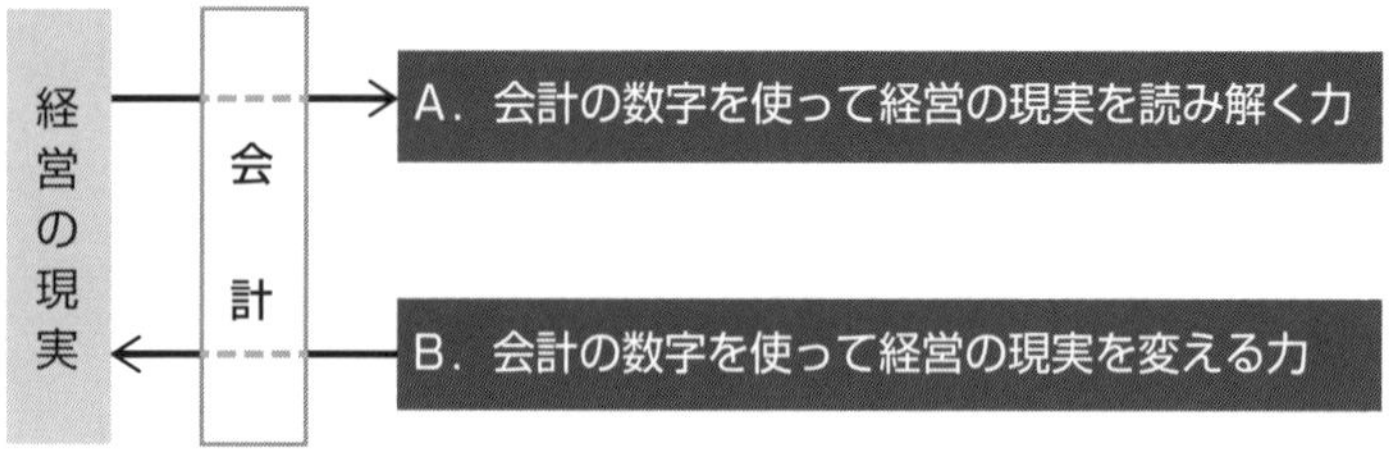

や組織のめざすべき姿を示し、それに向けてビジネスを変えていく力は、経営者および管理者が備えておくべき必須スキルです。

ひたすら「頑張れ」と鼓舞しても、人は動きません。めざすべき方向性を指し示し、ゴールに向かって組織を動かしていくためには、会計的な視点をマネジメントに落とし込む必要があります。

京セラの稲盛和夫氏、日本電産の永守重信氏、ファーストリテイリングの柳井正氏、ソフトバンクの孫正義氏などは現代の日本を代表する経営者ですが、会計の数字の使い方が揃って上手です。

会計の数字の使い方がうまい経営者に共通しているのは、会計の数字から現場の姿を見抜く力、そして会計の数字を使って会社のめざすべき姿を示す力に長けているということです。

こうした経営者が経理や財務の専門家なのかと言えば、必ずしもそうではありませんが、会計の数字と経営の現実を突き合わせて格闘した経験をたくさん積んでいます。そのような経験が、会計の数字から現場の状況を読み解き、会計を経営に活かしていくバックボーンになっているのです。

■本書の構成

本書は、会計思考力を身につけるために、全6章で構成されています。

第1章から第4章は、前ページの図に示した「A．会計の数字を使って経営の現実を読み解く力」に対応しています。第1章では、会計思考力の基本中の基本として、貸借対照表（B／S）、損益計算書（P／L）、キャッシュ・フロー計算書といった基本財務諸表の読み方を解説します。

そのうえで、第2章では、基本財務諸表を比例縮尺図に置き換えて視覚化して分析する手法を、第3章では、財務指標を使って経営を分析する手法を解説します。

なお、会計の数字を読むトレーニングを過去に積んだことがあり、比例縮尺図のつくり方や財務指標を使った分析に対して自信のある方は、第1章から第3章は読み飛ばしていただいても構いません。

第4章では、第1章から第3章の内容を踏まえて、様々な会社の経営分析を行なう場面で陥りがちなワナについて取り上げます。

ここまでの章では、様々な業種や業態の会社の事例を豊富に盛り込むことで、それぞれの会社の会計データと経営の現実を突き合わせることができるようにしています。会計思考力を養成していくには、様々な場面に遭遇した「場数」が重要だからです。

第5章から第6章では、「B．会計の数字を使って経営の現実を変える力」にフォーカスを当てます。具体的には、ビジネスの現場を変えるための**ＫＰＩ（Key Performance Indicator）**を活用したマネジメント（**ＫＰＩマネジメント**）を取り上げ、ＫＰＩを使ってどのようにビジネスの現場を変えていくのかを考えていきます。

第５章では、ＫＰＩマネジメントの基本と、どんな指標をＫＰＩとして活用すべきなのかを説明します。さらに第６章においては、ＫＰＩを事業部門の現場に落とし込み、実際にビジネスを変えていくためには、どうすればよいのかを解説します。

本書の特徴の１つは、各章の最後に、その章の本文と関連したコンサルティングの事例などについて記述した「コンサル・ファイル」という名称のコラムを掲載していることです。なお、各章の本文中にも一般に公開されている情報のほか、コンサルティングの実務をもとにした記述を盛り込んでいる部分が数多くあります。こうしたコンサルティングの事例に関する記述については、コンフィデンシャリティの観点から、いくつかのケースを組み合わせるなどして、企業名や業種を特定できないようにしていますが、内容の本質は損なわないようにしています。

それでは、会計思考力のトレーニングを、財務諸表を現実のビジネスとつなげて読み解いていく基本から始めていきましょう。

武器としての会計思考力　会社の数字をどのように戦略に活用するか？◉目次

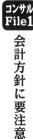

第2章 ビジネスモデルを読み解く会計思考力
―比例縮尺図を使って財務諸表を翻訳する

第5章 会計思考力でKPIを設定する
—戦略を実現するための業績評価指標

第6章
会計思考力でKPIを現場に落とし込む
―数字を実際に使ってビジネスを動かす方法

※本書の内容は基本的に2017年９月現在の法令や情勢などに基づいています。
※本書に記載されている社名、ブランド名、商品名、サービス名などは各社の商標または登録商標です。本文中に©、®、TMは明記していません。

カバーデザイン　小口翔平＋喜來詩織（tobufune）　本文DTP　一企画

第1章

会計思考力をつかむための基本

──財務諸表を読むときに絶対押さえるべきこと

この章で身につける「武器」

☑財務諸表（B／S、P／L、キャッシュ・フロー計算書）の基礎知識
☑財務諸表の概略をつかむコツ
☑実際のビジネスを見通すための財務諸表の読み方
☑財務諸表の比例縮尺図への落とし込み方

貸借対照表（B／S）の読み方

■B／Sは何を表しているのか？

最初に、基本的な財務諸表の1つである**貸借対照表（B／S）**について見ていきます。言葉の由来は16ページで説明しますが、貸借対照表の英文表記は「Balance Sheet」で、それを略してB／Sと表記します。基本的な財務諸表としては、ここで取り上げるB／Sのほかに、損益計算書（P／L）やキャッシュ・フロー計算書があります。

社会人向けの講義や研修でビジネスパーソンと話をしていると、損益計算書（P／L）は実務で触れることが多いためにおおよそ理解されているのですが、「B／Sはどうも馴染みがなくて、とっつきにくい」という印象をお持ちの方が多いように感じます。

しかし、**B／Sには、その会社の戦略や経営方針がよく表れています。**

特に、会社の安全性や倒産の危険性を知るための手がかりの多くは、B／Sのなかに隠されています。少々とっつきにくく感じるかもしれませんが、慣れてしまえば、B／Sの読み方は決して難しくありません。まずはB／Sの基本的な構造を理解し、B／Sに対す

◉図表1-1　会社の活動をお金の流れで表すと……

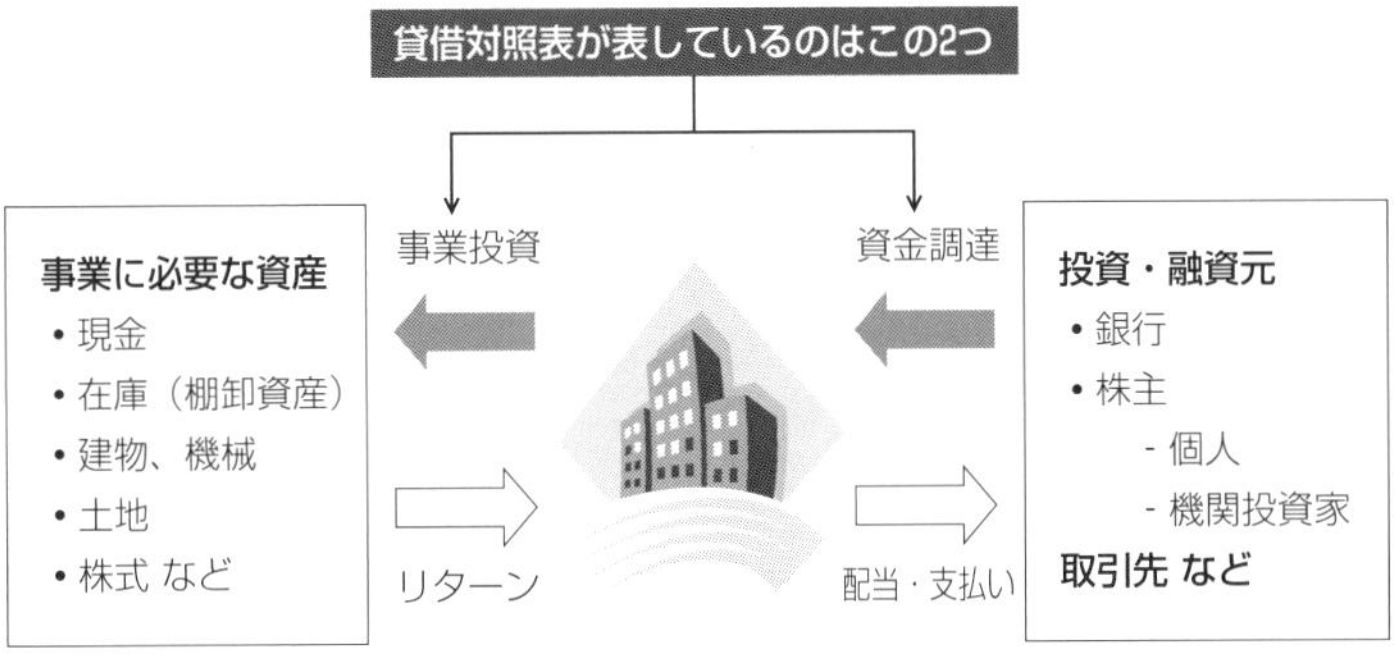

る苦手意識をなくしていきましょう。

図表1－1は、会社の活動をお金の流れという視点で見て図式化したものです。

まず、会社が事業活動を行なうためには、ビジネスに必要なお金を集めること（資金調達）が必要です。会社は、そうした資金を銀行や株主から集めます。

さらに、そうして集めた資金を、事業に必要な資産に投資し、そこからリターンを得て、そのリターンの一部を資金提供者である銀行や株主に対して利息や配当金といった形で支払います。また、事業から得たリターンを、銀行などから受けた借金の返済や利息、配当金のような支払いに回さずに再度、事業投資に回すこともあります。会社では、このような形で常にお金が流れ続けているわけです。

B／Sが示しているのは、図表1－1の上側に示した2つの矢印、つまり資金調達と事業投資に関わる部分です。会社の決算期の時点で、**どのような方法で資金を調達し、その集めた資金をどう投資しているのかを表しているのが、B／S**

◉図表1-2　右側と左側が一致するB／S

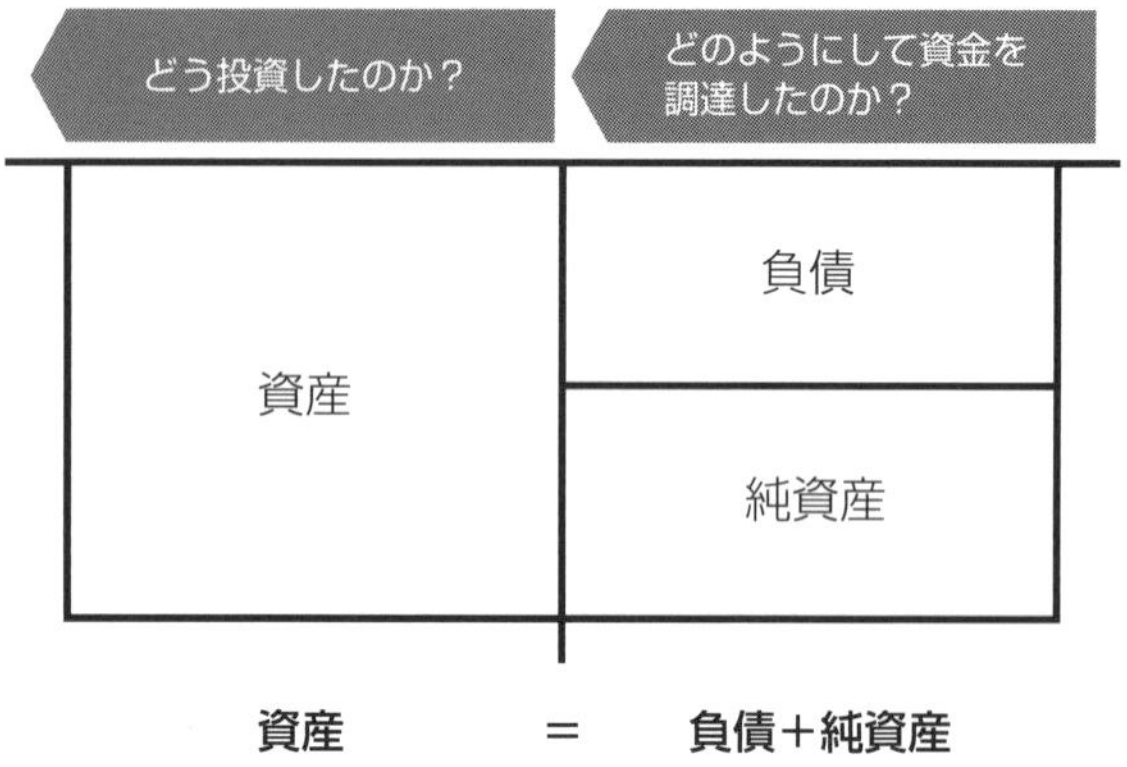

なのです。

B／Sの姿を最も単純な図に表したのが、図表1－2です。

B／Sの右側には、どのようにして資金を調達したのかが表されています。

負債というのは、銀行などから借り入れる形で調達した資金などの明細になっています。また、純資産には、株主からその会社に対して投資してもらった資金などが示されています。

そして、もう一方の左側には、調達した資金をどう投資したのかが示されています。会社は、集めてきた資金を投資に回しているわけですから、B／Sの左右の金額〈左側は資産の総額〈総資産〉、右側は負債と純資産の合計額〈総資本〉〉は必ず一致します。

B／Sの左右は必ずバランスしている（つり合っている）ので、「**バランスシート**」と呼ばれています。

◉図表1-3　B／Sの基本構造

資産	流動資産		負債	流動負債
				固定負債
	固定資産	有形固定資産	純資産	資本金・資本剰余金
		無形固定資産		利益剰余金
		投資その他の資産		その他

B／Sの基本的な構造とは？

B／Sの基本構造をもう少し詳しく見ていきましょう（図表1－3）。少し区分は細かくなりますが、いまの時点で1つひとつの名称を覚える必要はありません。

これらの用語は、これから実際のB／Sを数多く見ていくなかで自然と身についていきますので、特に会計に苦手意識がある方は、無理して覚えようとしないでください。ここでは、だいたいこんな固まりの集合体としてB／Sが構成されているのだな、という程度の理解で大丈夫です。

まず、B／Sの右側を見てください。先ほど説明したように、B／Sの右側は、調達した資金の明細書となっています。右側の項目は、まず**負債と純資産**に分かれています。

負債は、銀行などから調達した資金で、いずれ支払い、返済が必要になるものです。もう一方の純資産には、株主が投資してくれた資金などが示されています。基本的に、純資産に関しては将来的にも返済する必要がありません。

負債の中身は、**流動負債**と**固定負債**に分かれています。

流動負債は、短期（多くの場合は1年以内）で返済や支払いをしなければいけないものです。

固定負債は、長期（多くの場合は1年超）で返済や支払いを行なうべきものになります。例えば、銀行からの借入金のうち、1年以内に返済する短期借入金は流動負債に、返済期限が1年を超える長期借入金は固定負債に分類されます。なお、原材料や商品などの仕入代金の未払い分である買掛金や支払手形は流動負債になります。

純資産は、株主に帰属する資本を示していますが、そのなかでも**資本金・資本剰余金**は、株主がその会社に対して直接投資をしたお金になります。資本金・資本剰余金は、会社が投資家に対して株式を新規発行（これを「増資」と呼びます）して調達した資金を示しています。

純資産のなかでも特に分析を行なううえで着目すべきなのは、利益剰余金です。この利益剰余金は、これまで会社が上げてきた利益（31ページで取り上げる、損益計算書上の当期純利益）のうち、株主に対して配当せず、事業に再投資した分（いわゆる「**内部留保**」と呼ばれます）を示しています（図表1－4）。利益剰余金には毎年内部留保に回した金額が累積して貯まっていきますから、**利益剰余金を見ることで、これまでその会社が大きな利益を上げてきたのかどうかを測ることができます。**

◉図表1-4　利益剰余金が積み上がるメカニズム

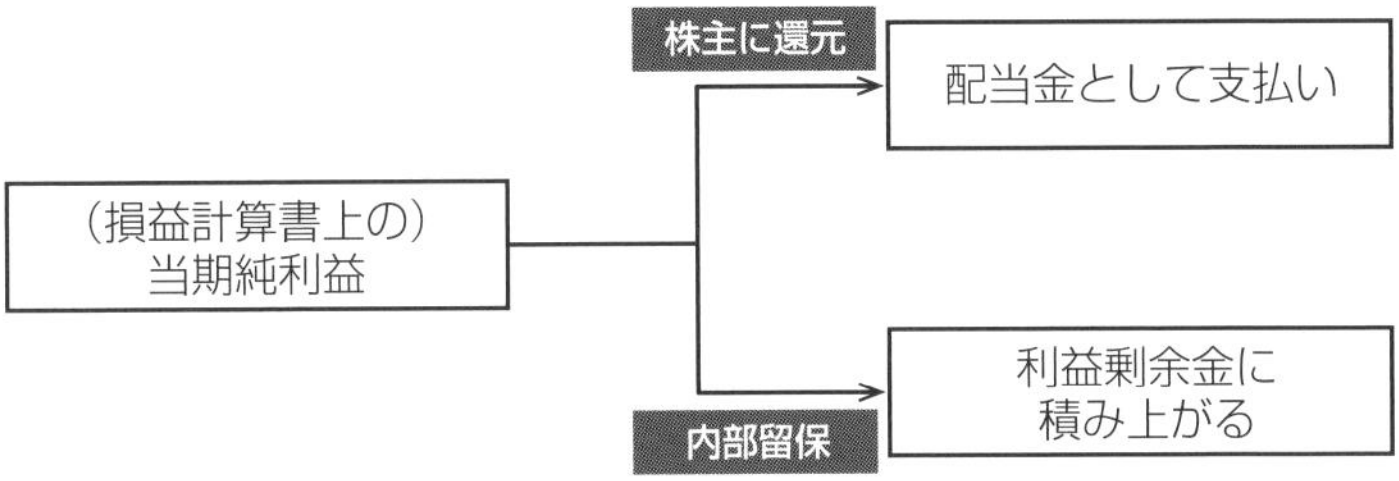

特に、優良企業と言われるような会社の場合、利益剰余金が非常に大きく、それに伴って負債の割合が小さくなることが通常です。なぜなら、そうした会社では過去に多額の利益を計上し、その利益を再投資に回しているために、借入金に頼らずにビジネスを展開できるためです。

次に、B／Sの左側に目を向けてみましょう。**資産**は、まず**流動資産**と**固定資産**に分けられます（17ページの図表1－3）。流動資産は、短期間（多くの場合は1年以内）のうちに現金化される資産が分類されます。

具体的には、現金そのものをはじめとして、売上代金の未入金分である受取手形や売掛金、1年以内に売買することを目的として保有する有価証券（株式など）、棚卸資産（在庫）が流動資産になります。

固定資産は、逆に短期間のうちに現金化することを想定していない資産になります。

固定資産は、さらに**有形固定資産**、**無形固定資産**、**投資その他の資産**に分類されます。有形固定資産の代表例としては、長期にわたって事業で使用される建物、機械設備、土地などが挙げられます。

無形固定資産は、その名のとおり、形のない固定資産で、例えばソフトウェアなどが該当します。

無形固定資産を見るときに着目したいのが「のれん」です。詳しい説明は割愛しますが、のれんは会社が買収（M&A）を行なったときの買収価額と買収対象会社の（時価ベースの）純資産の差額になります。M&Aを行なったときの買収価額は時価ベースの純資産を上回ることが多いため、買収した側の会社のB／Sの左側にはのれんが計上されることになります。言ってみれば、買収対象会社の資産から負債を差し引いた価値以上に上乗せされた評価部分が、のれんと呼ばれて無形固定資産のところに表示されているのです。

したがって、多額ののれんが計上されている場合には、過去に大きなM&Aを行なった可能性が高いことを頭に入れておくとよいでしょう。

最後に投資その他の資産ですが、こちらには1年以内の売買を目的としていない投資有価証券などが分類されています。

B／Sを読むコツとは？

実際のB／Sを見ていく前に、まずB／Sを読むときのコツを説明しておきたいと思います。B／Sを読むときには、次の3つの点がとても重要です。

①一本一本の木（個別の項目）を見る前に、まず森（全体像）を眺めながらわかることと疑問点を整理する
②全体像を把握してから、大きな木（金額の大きい項目）に着目する
③B／Sと現実のビジネスのつながりを常に意識する

B／Sを分析するときに、いきなり細かな項目から見始めてはいけません。「木を見て森を見ず」という言葉がありますが、これはB／Sを読むときには絶対してはいけないことです。まず、**B／Sの全体像をつかむ**ことが重要なのです（コツ①）。

そして、B／Sの全体像を把握した後に、個別の項目を見ていきます。

ここでは、**金額の大きい項目に着目する**ことが重要です。金額の小さな項目は多くの場合、重要性が低いので、こうした項目は後回しにしても構いません。B／Sの全体像を見たときに感じた疑問点などを明らかにするつもりで、金額の大きな項目を優先して見てください（コツ②）。

こうしたプロセスでB／Sを見ていきますが、そのときに意識していただきたいのは、**B／Sと現実のビジネスを常に結びつけて考える**ということです（コツ③）。

◉図表1-5　セブン＆アイの要約連結Ｂ／Ｓ（2016年2月期）

科目	金額（十億円）	科目	金額（十億円）
（資産の部）		（負債の部）	
流動資産	**2,250**	流動負債	**1,881**
現預金	1,100	支払手形・買掛金	251
受取手形・売掛金	355	短期借入金	131
棚卸資産	212	1年内償還予定の社債	40
ATM 仮払金	92	1年内返済予定の長期借入金	101
その他	492	預り金	158
		銀行業における預金	518
固定資産	**3,192**	その他	682
有形固定資産	**1,972**	固定負債	**1,056**
建物・構築物	868	社債	400
工具・器具備品	302	長期借入金	361
土地	747	長期預り金	57
その他	55	その他	238
		負債合計	**2,937**
無形固定資産	**546**	（純資産の部）	
のれん	314	資本金	50
その他	232	資本剰余金	527
		利益剰余金	1,718
投資その他の資産	**674**	自己株式	-6
投資有価証券	141	その他の包括利益累計額	83
長期差入保証金	396	新株予約権	3
その他	136	少数株主持分	130
		純資産合計	**2,505**
資産合計	**5,442**	負債純資産合計	**5,442**

財務諸表を読むのが苦手な方は、財務諸表とビジネスがうまく頭の中で結びつけられていないことが多いのです。

最初は少し大変かもしれませんが、すぐに慣れますので、Ｂ／Ｓと現実のビジネスを結びつけて見るトレーニングをしていきましょう。

B／Sを比例縮尺図にして「森」を見る

実際のＢ／Ｓとして、コンビニエンスストア（以下、コンビニ）やスーパーマーケット事業などで有名なセブン&アイ・ホールディングス（以下、セブン&アイ）のＢ／Ｓを取り上げてみたいと思います。

図表１－５は、同社の実際のＢ／Ｓを抜粋した要約版ですが、先ほど説明した「Ｂ

／Sを読むときのコツ②」にしたがって、金額の大きな項目を抜き出して編集しただけのものです。金額が小さな項目については、合計して「その他」のなかに含めています。また、同図表中で金額を太字で示しているのは、各資産や負債などの合計金額です。なお、本書に掲載している要約財務諸表では、合計金額の下1ケタに誤差が出ているケースがあります。これは、小数点以下の端数を四捨五入していることによるものです。

図示したB／Sでは、金額の単位は十億円となっています。会計に慣れていない人にとっては少々馴染みがないかもしれませんが、多くの財務諸表は千円、百万円、十億円といった単位で書かれています。これは、数字のカンマを3ケタごとに打っていくので、それに合わせた形の表記にするためです。

さて、ここで重要なのは、森（B／Sの全体像）を眺めることです。

まずは、図表1－5の太枠で囲ってある、左側の「流動資産」「有形固定資産」「無形固定資産」「投資その他の資産」、右側の「流動負債」「固定負債」「純資産合計」の7つの項目を押さえます。

これらの項目が資産合計（あるいは負債純資産合計）において、どれくらいの割合を占めているのかを把握することによって、B／Sの全体像が見えてきます。

しかし、会計の数字に慣れていない人からすると、これもなかなか難しいことかもしれません。そこで役に立つのが「**比例縮尺図**」です。

●図表1-6　セブン&アイの連結B／Sの比例縮尺図（2016年2月期）

（単位：十億円）

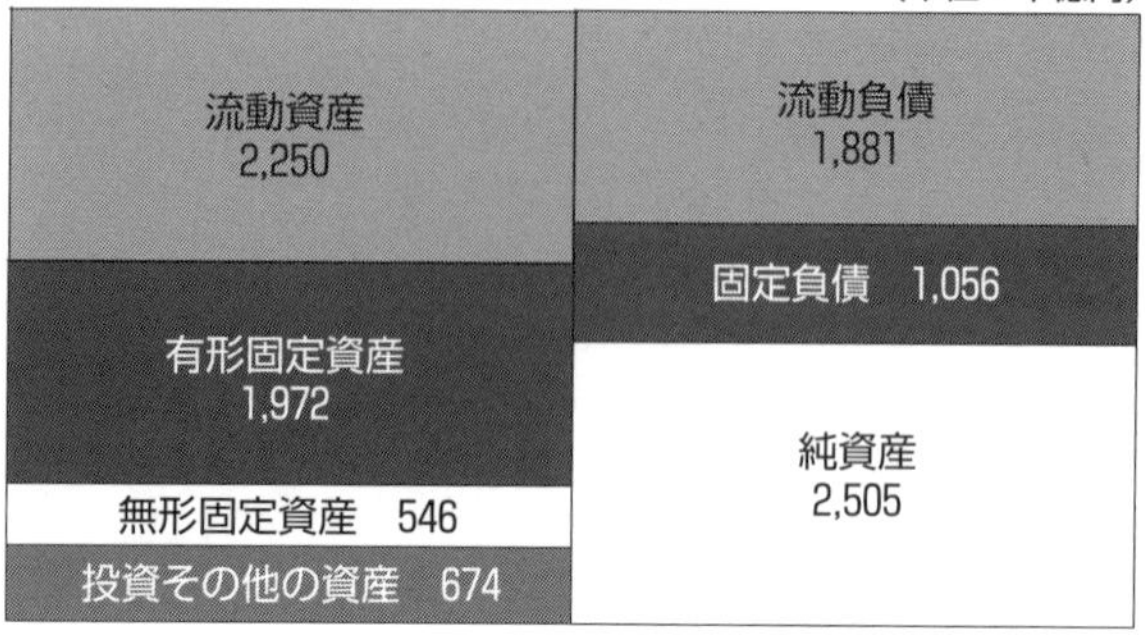

比例縮尺図というのは、金額と比例した面積を各科目に割り当て、財務諸表を視覚的に理解できるように工夫した図のことです。図表１－６は、セブン&アイのB／Sを比例縮尺図にしたものです。

同図表を見てみると、まず、左側の資産のなかで割合が一番大きいのが、流動資産（２兆２５００億円）です。ここには、短期間に現金化される資産が分類されています。

次に大きいのは、有形固定資産（１兆９７２０億円）で、さらに投資その他の資産（６７４０億円）と続きます。

一方、この比例縮尺図の右側は、金額の大きい順に純資産（２兆５０５０億円）、流動負債（１兆８８１０億円）、固定負債（１兆５６０億円）となっています。

さて次に、「B／Sを読むときのコツ③」で説明したように、実際のビジネスと数字を結びつけて考えていきます。ここでは数字をもとに、「実際のビジネスでは、このようなことが起こっているのではないか」という「**仮説**」をつくっていくことがとても大切です。

セブン&アイは小売業を営んでいますから、店舗には在庫を抱えているはずです。一方で、小売業の多くは現金商売ですから、受取手形や売掛金の金額は小さいことが予想されます。また、店舗を自社で保有しているとすれば、有形固定資産のなかには土地や建物が計上されており、これが大きな金額を占めているのではないかと考えられます。

さらに、投資その他の資産には、投資有価証券などが含まれますが、特に小売業の場合は賃借店舗の保証金（敷金）が計上されていることが多いので、こうした項目も大きな金額を占めている可能性が高いと思われます。

比例縮尺図の右側を見てみると、純資産の割合が負債・純資産の合計の46・0％を占めています。おそらく、過去に上げた利益の内部留保が利益剰余金に蓄積された結果だと推測できます。

一方で、流動負債が占める割合も34・6％あります。短期借入金などの負債があるためでしょうか。このあたりは、後で詳細を確認しておく必要がありそうです。

改めてB／Sの詳細を見る

比例縮尺図を使って全体像をある程度把握できたら、改めてB／Sの詳細を確認していきます。ここでは、前述の「B／Sを読むときのコツ②」にしたがって、金額の大きな科目を優先して見ながら、仮説や疑問点を検証していきます。

では、改めて22ページの図表1－5を左側（資産サイド）から見ていきます。

まず、流動資産で一番大きな金額を占めているのが現預金で、1兆円強となっています。なぜ、これほど多額の現預金を保有しているのかについては、後ほどB／Sの右側で確認します。

次いで、流動資産のなかで金額が大きいのが、受取手形・売掛金（3550億円）です。先ほど立てた仮説では、小売業の場合、受取手形・売掛金は少ないはずでした。これはどういうことでしょうか。

この1期分のB／Sだけではわからないのですが、過去に遡ってB／Sを見ていくと、2012年2月期に受取手形・売掛金が大きく増えていることがわかります。じつは、この期に、セブン＆アイは「セブンCSカードサービス」という百貨店向けのカード会社を子会社化しています。このカード会社が抱える売上債権がB／Sに計上されているため、純粋な小売業と比べて売上債権が大きくなっているのです。

このように、単年度のB／Sだけでは見えないことも、過去に遡ることで見えてくる場合があるので、それを頭に入れておくとよいでしょう。

続いて、棚卸資産（在庫）は2120億円となっています。やはり、直営のスーパーマーケット事業やコンビニ事業における在庫が計上されていることが確認できます。なお、コンビニのセブン‐イレブンには直営店とFC（フランチャイズ）加盟店がありますが、FC加盟店ではそれぞれのお店が仕入を行ない、在庫を保有しているため、ここにはFC加盟店の在庫は計上されていません。

また、有形固定資産については仮説どおり、建物や土地の金額が大きくなっています。さらに、投資その他の資産の内訳を見ると、長期差入保証金が3960億円計上されています。自社保有、賃借の双方で店舗を展開している様子がわかります。

一方、B／Sの右側の負債・純資産サイドを見ていくと、純資産の内訳で一番大きいのは利益剰余金（1兆7180億円）です。仮説どおり、過去の内部留保の蓄積が見て取れます。

流動負債に目を向けると、借入金もさることながら、銀行業による預金（5180億円）が目につきます。セブン銀行のユーザーが預けた預金がここに計上されています。こうした内部留保や銀行預金を、多額の現金としてセブン＆アイは保有していると考えるのが自然でしょう。

現実のビジネスとのつながりを常に意識する

ここまでセブン＆アイのB／Sを見てきましたが、どのような印象をお持ちでしょうか。

じつは、ここまで見てきたB／Sは連結B／Sと呼ばれるもので、子会社などの関係会社も含めたセブン＆アイのグループ全体のB／Sになっています。

この点を踏まえて連結B／Sを見ると、セブン＆アイはグループ内に銀行業やクレジットカード事業を抱えているため、純粋な小売業というよりは、小売業と金融業のハイブリッド型の業態になっていると見たほうがよさそうです。

実際のビジネスと照らし合わせてみても、セブン＆アイにおける金融事業の位置づけは年々重要度を増しています。

こうしたことも、B／Sと現実のビジネスのつながりを意識することによって、より鮮明に見えるようになります。

B／Sに限ったことではありませんが、**財務諸表を読むときには、現実のビジネスと財務諸表を常に往復する意識を持つ**ことが重要なのです。

損益計算書(P／L)の読み方

P／Lの基本的な構造とは？

財務諸表として2つ目に取り上げるのは、**損益計算書（P／L）**です。損益計算書の英文表記は「Profit and Loss Statement」で、頭文字をとってP／Lと表記されます。本書でも今後、損益計算書のことを基本的にはP／Lと表記します。

P／Lを作成する目的は、1年間の取引（フロー）を記録し、会社が上げた利益を計算することにあります。より具体的には、P／Lでは取引によって生じた収益（≒売上高）と費用を表示し、その差額として利益を計算していきます。

次ページの図表1－7がP／Lの基本的な構造です。

上から順番に見ていきます。

まず、一番上に表示されているのが**売上高**です。商品や製品、サービスを販売したことによる売上がここに表示されています。なお、金融業や不動産などの販売仲介業における販売手数料なども営業収入としてこの部分に表示されます。

◉図表1-7　P／Lの基本構造

Ⅰ 売上高	← トップライン
Ⅱ 売上原価	
売上総利益	← (＝Ⅰ－Ⅱ)
Ⅲ 販売費及び一般管理費	
営業利益	← (＝売上総利益－Ⅲ)
Ⅳ 営業外収益	
Ⅴ 営業外費用	
経常利益	← (＝営業利益＋Ⅳ－Ⅴ)
Ⅵ 特別利益	
Ⅶ 特別損失	
税金等調整前当期純利益	← (＝経常利益＋Ⅵ－Ⅶ)
法人税、住民税及び事業税	
法人税等調整額	
少数株主利益	
当期純利益	← ボトムライン

誤解されている方が結構多いのですが、これらの**売上高や営業収入を合わせたものが収益であって、これは利益とは別の物**です。利益はあくまで収益から費用を差し引いたものになります。こうした収益はP／Lの一番上に表示されますので、別名「**トップライン**」と呼ばれます。

次に現れるのが**売上原価**です。ここには、商品や原材料などの仕入や、工場での製品製造にかかる人件費や減価償却費などの費用が示されています。そして、売上高から売上原価を差し引いたものが**売上総利益**となります。

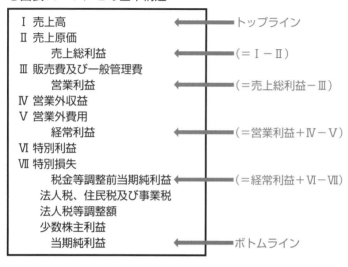

その下にあるのが、**販売費及び一般管理費**です。販売費及び一般管理費は通称「**販管費**」と呼ばれますので、本書でも販管費という呼び方をすることにします。

販管費は、会社が本業を行なううえで必要な、売上原価以外の費用を指します。本社や支社、営業所などでかかる人件費や賃借料、研究開発費、減価償却費、広告宣伝費などが販管費に含まれます。売上総利益から販管費を差し引いたものが**営業利益**となります。これが、その会社が**本業で稼いだ利益**ということになります。

その下には、**営業外収益**と**営業外費用**という科目が並びます。ここの「営業」というのは、いわゆる販売に関わる営業活動ではなく、「会社の本業」という意味です。したがって、「営業外」とは、会社の本業以外に関するものを指します。

この営業外収益と営業外費用には、毎年行なわれる経常的な活動に伴うものが計上されます。具体的には、営業外収益には貸付金などから発生する受取利息、株式の保有に伴う受取配当金などが、営業外費用には借り入れに伴う支払利息などが該当します。営業利益に営業外収益を足して営業外費用を差し引いたものが、**経常利益**として表示されます。

経常利益の下には、**特別利益**と**特別損失**があります。これは、営業外収益や費用とは違い、その年限りの臨時の利益や損失になります。例えば、東日本大震災のような災害によって生じた損失は特別損失になりますし、保有する株式を売却したことにより生じる一時的な利益は、特別利益に計上されることになります。

経常利益に特別利益および特別損失を足し引きしたものが、**税金等調整前当期純利益**となり、ここから税金と**少数株主利益**を調整したものが、会社としての最終利益、すなわち**当期純利益**となります。少し複雑な話になりますが、少数株主利益とはグループの子会社の利益のうち、親会社以外の株主に帰属する利益のことです。この少数株主利益を差し引くことで、損益計算書では親会社株主に帰属する最終利益を計算しています。当期純利益は、P／Lの一番下に位置していますので、別名「**ボトムライン**」と呼ばれます。なお、日本の会計基準の改正により2016年3月期以降では、当期純利益は「**親会社株主に帰属する当期純利益**」という名称で、少数株主利益は「**非支配株主に帰属する当期純利益**」という名称で表示されていますので、注意してください。

このように、P／Lでは営業利益までで本業に関する利益を、経常利益までで経常的な利益を、当期純利益までで最終利益を、というように段階的に利益を計算する構造になっています。もちろん、収益よりも費用が大きい場合、**損失**（いわゆる**赤字**）が計上されることになります。なお、18ページでも触れましたが、最終利益である当期純利益は、株主にとっての利益であり、配当金を支払うための原資となります。

P／Lを読むコツとは？

P／Lにも、B／Sの場合と同じように読むときのコツがあります。そのコツをまとめると、次のとおりです。

① まず、Ｐ／Ｌの全体像を把握する
② 次に、販管費の内訳を金額の大きい順に見てビジネスの特徴をつかむ
③ Ｐ／Ｌと現実のビジネスのつながりを常に意識する

Ｐ／Ｌを読むときも、まずは全体像を把握することから始めます。その際、収益および費用の各項目のうち、金額が大きいものほど重要性が高くなりますから、そうした項目を優先して分析していくことになります。

また、**販管費は、その会社のビジネスの特徴をよく表していることが多い**ため、その内訳を見ておくことが重要です。これも金額の大きい順に見ていくとよいでしょう。Ｐ／Ｌのなかに主な販管費の内訳が書かれていない場合には、注記されている事項のなかに販管費の主な内訳が記載されていますから、忘れずにチェックしてください。

そして、Ｂ／Ｓと同様に、Ｐ／Ｌを読むときにも実際のビジネスとのつながりを常に意識し、Ｐ／Ｌとビジネスの間を往復しながら読み進めるようにしてください。くどいようですが、これは財務諸表を読むうえで本当に重要なポイントです。

P／Lも比例縮尺図にするとわかりやすい

それでは、実際のP／Lの例を見ていきましょう。B／Sと同じように、セブン&アイの事例を取り上げたいと思います（図表1－8）。

◉図表1-8　セブン＆アイの要約連結P／L（2016年2月期）

科目	金額（十億円）
営業収益（＝売上高＋営業収入）	**6,046**
売上高	4,892
売上原価	3,804
売上総利益	**1,088**
営業収入	1,154
営業総利益	**2,242**
販売費及び一般管理費	**1,889**
宣伝装飾費	176
従業員給与・賞与	462
地代家賃	342
減価償却費	187
水道光熱費	125
その他	598
営業利益	**352**
営業外収益	12
営業外費用	14
経常利益	**350**
特別利益	6
特別損失	52
税金等調整前当期純利益	**304**
法人税、住民税及び事業税	124
法人税等調整額	11
少数株主利益	8
当期純利益	**161**

B／Sのところでも説明したように、セブン&アイの事業には、金融事業の収入やコンビニ事業における加盟店などからのフランチャイズ収入があるため、本業からの収益として売上高のほかに営業収入が計上されており、その合計が営業収益になっている点に気をつけてください。

まず、P／Lも全体像をつかむところから始めましょう。ここで着目するのは、上図の太枠で囲んだ項目で、上から順に「売上高」「売上原価」「営業収入」「販管費」「営業外

◉図表1-9　セブン＆アイの連結P／Lの比例縮尺図（2016年2月期）

（単位：十億円）

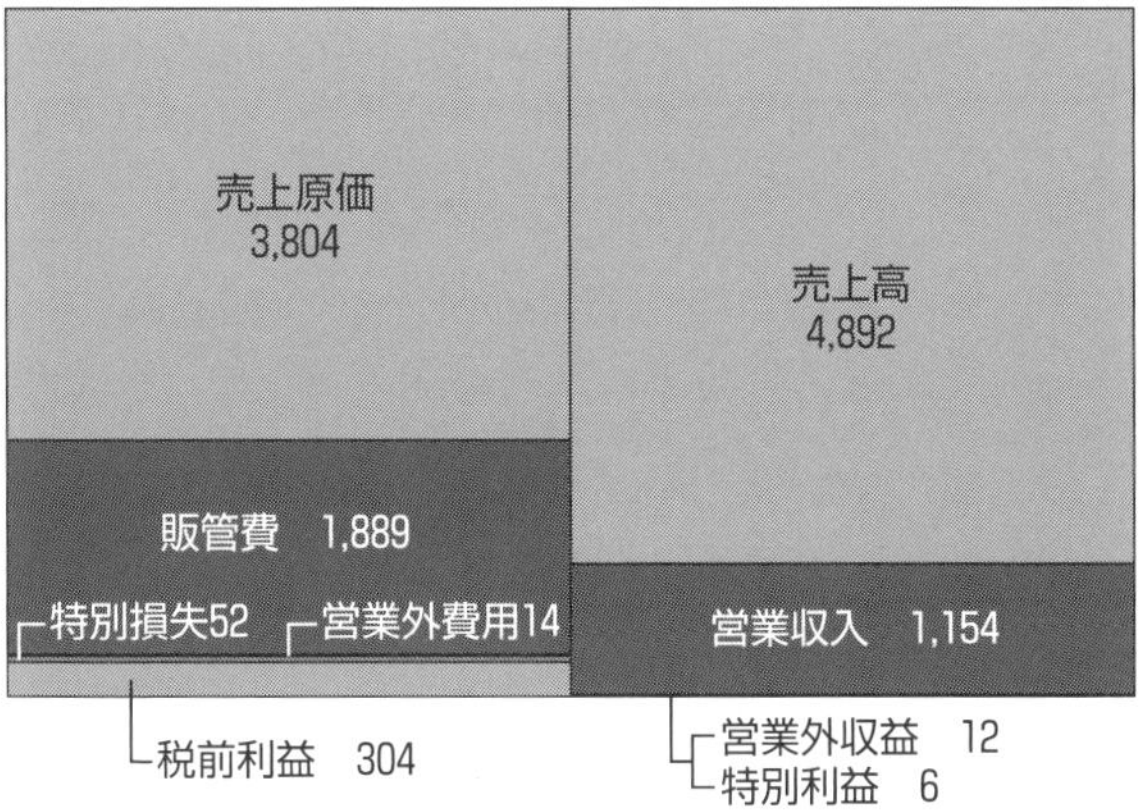

収益」「営業外費用」「特別利益」「特別損失」「税金等調整前当期純利益」の9項目になります。

これらの項目を使って、**P／Lの比例縮尺図**をつくったものが、図表1－9です（税金等調整前当期純利益は「税前利益」と略記しています）。

P／Lの比例縮尺図をつくるときに気をつけるべきポイントは、**売上高、営業収入、営業外収益、特別利益を右側に、売上原価、販管費、営業外費用、特別損失、税前利益を左側に分類する**ことです。

なぜ、収益を右側に、費用を左側にするのかというと、簿記のルールにしたがっているからなのですが、ここでは詳しい説明は割愛して、ひとまずそういうものだと覚えてしまってください。

また、税前利益（税金等調整前当期純利益）が左側に来ているのは、収益から費用を差し引いた残りが利益になるためです。もし損失が出ている場合には、税金等調整前当期純損失が比例縮尺図の右下に入ることになります。

P／Lの比例縮尺図をつくる方法の説明はこれくらいにして、中身の分析に入ります。

まず、売上高が4兆8920億円であるのに対し、売上原価が3兆8040億円あることがわかります。売上高に対する売上原価の割合（原価率）は77・8％ですから、いわゆる**粗利益率（売上総利益率）**は22・2％ということになります。

小売業の売上総利益率は25〜30％くらいですから、セブン＆アイの売上総利益率自体はそれほど高くありません。ただ、特筆すべきは営業収入の大きさです。ここには、FC加盟店からのロイヤルティ（加盟料）収入や、金融事業からの収益が含まれていますが、この金額が1兆1540億円に達しています。

直営店の売上総利益（＝売上高−売上原価）の金額が1兆880億円ですから、営業収入から稼ぎ出す金額は直営店から上がる利益を超える水準にあることがわかります。

このような点からも、セブン＆アイ（グループ全体）がすでに純粋な小売業ではないことが読み取れると思います。

■販管費の内訳にビジネスの特徴が現れる

次に、販管費の内訳を見ていきます。30ページで説明したように、販管費には会社の本業のためにかかった費用のうち、売上原価以外のものが計上されています。

まず、金額の一番大きいものから見ていくと、従業員給与が４６２０億円となっています。ここには、直営店で働く従業員のほか、加盟店の管理・監督、金融事業に従事する従業員などの給与も含まれています。

その次に大きいのは、地代家賃です。減価償却費、水道光熱費、宣伝装飾費と合わせて、店舗を運営するために必要な費用だと考えられます。このあたりは、セブン&アイの小売業としての側面を色濃く表している部分と言えるでしょう。

販管費の内訳を見るときにも、その会社のリアルなビジネスを想像しながら分析することを心がけてください。

セブン&アイの事例で言えば、どのような従業員がセブン&アイのなかで働いているのか、どのような広告宣伝を行なっているのか、直営の店舗ではどのような費用が発生しているのか――、というような点を意識しながら、販管費の内訳を吟味していくとよいと思います。

キャッシュ・フロー計算書の読み方

キャッシュ・フロー計算書がなぜ重要なのか？

３つ目の財務諸表として取り上げるのが、**キャッシュ・フロー計算書**です。

キャッシュ・フロー計算書の英文表記は「Cash Flow Statement」で、**C／S**や**C／F**と略称で表記することがありますが、前で説明したB／SやP／Lに比べて、キャッシュ・フロー計算書の略称はそれほどメジャーではありません。そこで、本書では略称を用いずに、そのままキャッシュ・フロー計算書と呼びたいと思います。

キャッシュ・フロー計算書の財務諸表としての歴史は比較的浅く、日本において上場企業などの財務諸表として作成が義務づけられたのは２０００年3月期決算からです。キャッシュ・フロー計算書に表示されているのは、その名のとおり**1年間を通じた現金の収支**です。ではなぜ、キャッシュ・フロー計算書がつくられるようになったのでしょうか。

「**勘定合って銭足らず**」という言葉があります。これは、Ｐ／Ｌ（損益計算書）上の利益が出ていても、現金が足らなくなってしまっている状態を指します。しばしば、利益が

◉図表1-10　キャッシュ・フロー計算書の基本構造

Ⅰ 営業活動によるキャッシュ・フロー
　税金等調整前当期純利益
　減価償却費
　…
　小計
　…
　営業活動によるキャッシュ・フロー
Ⅱ 投資活動によるキャッシュ・フロー
　有形固定資産の取得による支出
　有形固定資産の売却による収入
　…
　投資活動によるキャッシュ・フロー
Ⅲ 財務活動によるキャッシュ・フロー
　短期借入金の純増減額
　長期借入れによる収入
　…
　財務活動によるキャッシュ・フロー
Ⅳ 現金及び現金同等物に係る換算差額
Ⅴ 現金及び現金同等物の増減額
Ⅵ 現金及び現金同等物の期首残高
Ⅶ 現金及び現金同等物の期末残高

出ているにもかかわらず、倒産してしまう「**黒字倒産**」という事例がありますが、これは支払いに充てられる現金が不足するために起こります。

こうしたことから、会社の経営を分析するうえでは、**支払いに必要な現金が十分足りているかどうかが非常に重要**であることがわかります。キャッシュ・フロー計算書では、こうした現金の動きを見ることができます。

3つのキャッシュ・フロー

図表1－10が、キャッシュ・フロー計算書の基本構造です。キャッシュ・フロー計算書は、大きく分けて

営業活動によるキャッシュ・フロー、**投資活動によるキャッシュ・フロー**、**財務活動によるキャッシュ・フロー**の3つのパートに分かれています。

まず、営業活動によるキャッシュ・フローは、会社の本業でどれだけキャッシュを稼ぐことができているのかを示しています。会社が存続していくためには、当然のことながら会社の本業でキャッシュを稼がなくてはいけませんから、この**営業活動によるキャッシュ・フローは最低限プラスになっていなければいけません**。

ところで、キャッシュ・フロー計算書上の営業活動によるキャッシュ・フローを表示する際には、**直接法**と**間接法**の2つの方法が認められています。直接法は営業活動に関わる主要な取引ごとにキャッシュ・フローを表示する方法で、間接法は利益とキャッシュ・フローのズレを生じさせる項目を調整してキャッシュ・フローを表示する方法です。

それぞれの方法の詳細に関する説明は割愛しますが、キャッシュ・フロー計算書を分析するうえで1つだけ頭に入れておいてほしいことは、**ほとんどの会社の営業活動によるキャッシュ・フローは間接法で作成されている**ということです。これは、間接法による作成のほうが実務上容易なためです。

投資活動によるキャッシュ・フローは、固定資産や投資有価証券の取得・売却に伴う収支を表示します。これらは、会社が将来獲得するキャッシュ・フローのために必要な経営資源に対して、どれくらい投資を行なっているのかを示しています。**成長期の会社では通**

常、**投資活動によるキャッシュ・フローのマイナス額（すなわち、純投資額）が相対的に大きくなり、成熟期の会社では相対的に小さくなります。**

3つ目が、財務活動によるキャッシュ・フローです。ここでは、借入金や社債による資金調達に伴う収入、借入金返済や配当金の支払いによる支出が表示されています。

一般的に、**成長企業においては投資がかさみ、慢性的に資金が不足しやすくなるので、それを補うために資金調達を行なった結果、財務活動によるキャッシュ・フローがプラスになる**傾向があります。一方で、**成熟期でキャッシュリッチ（資金が潤沢）になりやすい会社では、キャッシュを借入金の返済に充て、株主に対して配当金の形で利益を還元する傾向があるため、財務活動によるキャッシュ・フローはマイナスになる**ことが多くなります。

キャッシュ・フローはウォーターフォール・チャートでバランスを見る

それでは、キャッシュ・フロー計算書の事例を見ていきましょう。

次ページの図表1-11は、セブン&アイの連結キャッシュ・フロー計算書です。実際のキャッシュ・フロー計算書では細かな項目が多く記載されているため、ここでは適宜内容を省略しています。

◉図表1-11　セブン＆アイの要約連結キャッシュ・フロー計算書（2016年2月期）

科目	金額（十億円）
営業活動によるキャッシュ・フロー	
税金等調整前当期純利益	304
減価償却費	196
…	
小計	**620**
利息及び配当金の受取額	4
利息の支払額	-10
法人税等の支払額	-126
営業活動によるキャッシュ・フロー	**489**
投資活動によるキャッシュ・フロー	
有形固定資産の取得による支出	-305
有形固定資産の売却による収入	32
…	
投資活動によるキャッシュ・フロー	**-336**
財務活動によるキャッシュ・フロー	
短期借入金の純増減額	0
長期借入れによる収入	97
長期借入金の返済による支出	-71
…	
財務活動によるキャッシュ・フロー	**-2**
現金及び現金同等物に係る換算差額	-4
現金及び現金同等物の増減額	**147**
現金及び現金同等物の期首残高	**1,001**
連結除外に伴う現金及び現金同等物の減少額	-1
現金及び現金同等物の期末残高	**1,147**

実際のキャッシュ・フロー計算書を読むときにも、最初はあまり細かな項目にはこだわらずに、全体としてのバランスを見たほうがよいと思います。

そのときに**着目すべき点は、上から順に「営業活動によるキャッシュ・フロー」「投資活動によるキャッシュ・フロー」「財務活動によるキャッシュ・フロー」「現金及び現金同等物の期首残高」「現金及び現金同等物の期末残高」の5項目**（上図の太枠で囲んだ項目）です。

ここでも役に立つのは比例縮尺図ですが、キャッシュ・フロー計算書の場合は、「**ウォーター・フォール・チャート**」にすると、わかりやすく表示できます。

このウォーター・フォール・チャートは、期首に保有している現金が、営業活動、投資活動および財務活動によるキャッシュ・フローのそれぞれによってどれだけ増

◉図表1-12　セブン＆アイの連結キャッシュ・フロー計算書の比例縮尺図（2016年2月期）

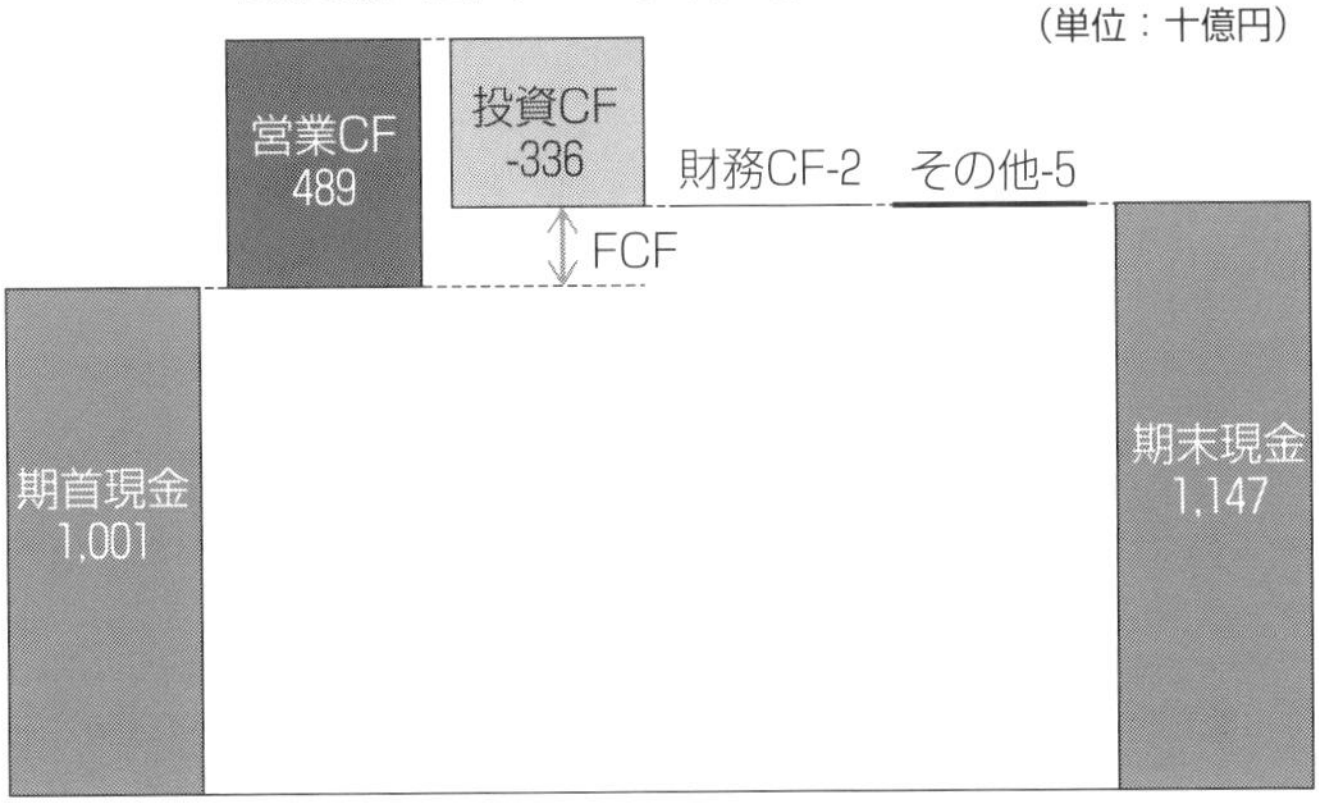

減したのかを示すグラフです。

基本的には、現金の期首残高に3つのキャッシュ・フローを足し合わせたものが現金の期末残高になりますが、正確にはそこに、「現金及び現金同等物に係る換算差額」と「連結除外に伴う現金及び現金同等物の減少額」を加味しないと期末残高と一致しません。それらを正確に加味しようとすると複雑になるので、ここではそれらの項目の細かい意味にはこだわらずに、「その他」として足し合わせて図を作成することにします。

図表1－12は、セブン&アイの連結キャッシュ・フロー計算書をウォーター・フォール・チャートに落とし込んだものです。グラフの一番左は期首における現金の残高（期首現金）を、一番右は期末における現金の残高（期末現金）を示しています。

これを見ると、セブン&アイは営業活動によるキャッシュ・フローの範囲内で投資を行なっており、この年度では投資した後の**余剰キャッシュ・フロー**（これを「**フリー・キャッシュ・フロー**」と呼び、「**FCF**」と略して表記されることもあります）をほぼ現金として社内に蓄積している様子が見て取れます。

Ｂ／Ｓの説明でも、セブン&アイが多額の現金を保有している理由について分析しましたが、キャッシュ・フロー計算書からも、そのあたりの状況を垣間見ることができます。

キャッシュ・フロー計算書を分析するときには、その会社がキャッシュ・フローをどのようにバランスさせているのかを見ることが重要です。営業活動によってきちんとキャッシュを稼ぐことができているか、投資に対してどの程度キャッシュを振り向けているか、フリー・キャッシュ・フローをどのように配分しているのか、といった視点で見ていくとよいでしょう。

特に、将来に向けた投資が重要になるようなケース（成長期の会社など）では、投資活動によるキャッシュ・フローの項目を細かく見ておくことも有用です。

コンサル File1

会計方針に要注意

P／L（損益計算書）の売上原価や販管費のなかには、通常の場合、**減価償却費**が含まれています。これは、その会社が保有する機械設備や建物などの有形固定資産を使用することで価値が減少する分を費用として計上したものです。なお、減価償却費は会計上では費用になりますが、キャッシュ・アウトを伴うものではありません。そのため、間接法で営業活動によるキャッシュ・フローを計算するときには、利益に減価償却費の足し戻しをすることになります。

減価償却費の代表的な算定方法には、**定額法**と**定率法**があります。

定額法というのは、償却期間を通じて均等な金額を減価償却する方法です。この場合、毎年同じ金額が減価償却費として計上されます。

一方の定率法では、取得価額からこれまで減価償却した費用の累計を差し引いた金額に対して、一定の償却率を掛けて減価償却費を算定します。定率法を採用する場合、新しい有形固定資産ほど減価償却費が大きくなり、取得から年数が経つにつれて減価償却費が減少していきます。

◉図表1-13　キリンＨＤの国内飲料部門は増益？

単位：十億円	2016年計画	2015年実績	対前年増減	
売上高	2,140	2,197	-57	-2.6%
日本綜合飲料	1,196	1,192	4	0.4%
海外綜合飲料	576	624	-48	-7.7%
医薬・バイオケミカル	343	356	-13	-3.6%
営業利益	125	125	0	0.2%
日本綜合飲料	56	48	8	16.7%
海外綜合飲料	42	33	9	26.3%
医薬・バイオケミカル	33	47	-14	-29.5%

出所：キリングループ2016年度計画より筆者作成

どちらの償却方法を採用するのかは各会社の会計方針に委ねられているため、同業の会社同士であってもＡ社は定額法を採用し、Ｂ社は定率法を採用している、というような状況がありえます。

問題は、**定額法を採用している場合と定率法を採用している場合とでは費用の金額が変わるため、結果として利益額に差が出てくる**ということです。例えば、キリンホールディングス（以下、キリンＨＤ）のケースを見てみましょう。図表１－13は、キリンＨＤの２０１６年度計画を一部抜粋したものです。

ここで注目していただきたいのは、日本綜合飲料（国内飲料部門）の年度計画です。２０１６年度計画において、国内飲料部門の売上高はほぼ横ばいですが、営業利益は約80億円の増益（対前年比＋16・７％）となっています。

これを素直に受け取るなら、キリンＨＤの国内飲料部門では、売上高の伸びをそれほど見込んでいないものの、コストダウンの努力によって増益の計画を立てていると見なすことができます。

しかしキリンHDは、2016年度の決算から国内飲料部門における減価償却の方法を定率法から定額法へ切り替えることによって、減価償却費が約80億円減少すると発表しています。

つまり、実質的な利益はほぼ変わっていないにもかかわらず、会計方針を変更することで、16・7%も営業利益が増加しているのです。特に、新規設備投資を多額に行なっている会社では、こうした減価償却の方法の変更が利益に与える影響が決して小さくはないのです。

このような会計方針の変更を行なったことが利益に大きな影響を与えたケースとしては、日産自動車の例が挙げられます。日産自動車と言えば、カルロス・ゴーン氏が行なったリストラ（日産リバイバルプラン）が有名です。

日産自動車は、2000年3月期には約6840億円もの当期純損失を計上しましたが、翌2001年3月期の当期純利益は約3310億円となり、その改善幅は約1兆円という劇的なV字回復を果たします。

もちろん、カルロス・ゴーン氏が主導した事業再構築がその原動力の1つだったのですが、会計処理方法の変更の影響も無視できません。このV字回復は、先ほどのキリンHDでも登場した減価償却方法の変更（定率法から定額法への変更）も含め、様々な会計処理方法を駆使することによって「演出」された部分も大きかったと言われています。

２００１年５月27日付の日本経済新聞朝刊では、「連結最終損益１兆円の改善のうち、少なくとも半分の５千億円はこうした『会計マジック』の効果とみることができそうだ」と結論づけています。

このように、会社の利益は、その会社が採用している会計方針などによって大きな影響を受けます。したがって、会社の利益を分析するときには、その会社が採用している会計方針についても十分に留意する必要があるのです。

第2章

ビジネスモデルを読み解く会計思考力

―比例縮尺図を使って財務諸表を翻訳する

この章で身につける「武器」

- ☑比例縮尺図を使った財務諸表分析の手順
- ☑財務諸表から業種・業態の特徴をとらえる勘所
- ☑資金繰りの状況を見抜く分析手法
- ☑財務諸表から経営課題を抽出する方法

比例縮尺図を使えば財務諸表を直観的に理解できる

財務諸表を読み解くには場数が必要

前章では、B／S、P／Lおよびキャッシュ・フロー計算書の基本的な構造と、比例縮尺図のつくり方について説明しました。とっつきにくく見える財務諸表も、比例縮尺図にすれば、様々な情報を直観的に理解することができます。

ただし、比例縮尺図を使って財務諸表を読みこなすには、場数をこなすことが重要です。**財務諸表には、その会社のビジネスモデルが反映されています。**様々な会社の財務諸表の比例縮尺図をつくり、実際のビジネスモデルと財務諸表の関係を意識して分析する経験を積み重ねることによって、財務諸表を通じて**ビジネスモデルを読み解く会計思考力**が培われていくのです。

この章では、様々な業種の財務諸表を比例縮尺図に置き換えて分析を積み重ねることによって、会計思考力を高めていきたいと思います。

財務諸表分析のプロセス

これから、様々な会社の要約財務諸表を分析していきますが、読者の方にあらかじめ注意していただきたいことは、単に読むのではなく、自分の手を動かしながら読み進めていただきたいということです。自分の手で比例縮尺図をつくり、考えるプロセスを経ることが重要です。概ね、次のような手順を踏んでいただくと効果的かと思います。

最初に、要約財務諸表をざっと眺め、比例縮尺図をつくってみます。

そして、比例縮尺図を見ながら、それを実際のビジネスの姿と関連づける仮説を立てます。このときは、その会社や業種に関して実際に見聞きしたことや、新聞や雑誌、インターネットで読んだ情報なども活用していきます。

最後に、財務諸表を詳細に眺めることで、比例縮尺図を作成した段階の仮説が妥当かどうかを確かめます。

つまり、**財務諸表の比例縮尺図から仮説を立て、それを要約財務諸表の詳細項目などによって検証するプロセスを回す**ことが重要です。

それでは、様々な会社の財務諸表を、B／SとP／Lを中心に読み解いていきましょう。

BtoC企業の財務諸表を分析する

最初に取り上げるのは、最終消費者向けの製品やサービスを取り扱う**BtoC企業**です。一口にBtoC企業と言っても様々な会社がありますが、ここでは消費財メーカーである**花王**、外食産業として回転寿司チェーンのくら寿司を運営する**くらコーポレーション**、小売業として家電小売店を手がける**ヤマダ電機**の財務諸表を見ていきます。

P／L

科目	金額(十億円)
売上高	1,472
売上原価	658
売上総利益	**814**
販売費及び一般管理費	**649**
荷造・発送費	86
広告宣伝費	94
販売促進費	78
給料手当・賞与	133
研究開発費	52
その他	206
営業利益	**164**
営業外収益	8
営業外費用	3
経常利益	**169**
特別利益	2
特別損失	9
税金等調整前当期純利益	**162**
法人税、住民税及び事業税	50
法人税等調整額	13
少数株主利益	1
当期純利益	**99**

花王のケース

図表2－1は、花王の要約財務諸表です。まず、比例縮尺図をつくるところから始めていきましょう。このとき、B／Sと

◉図表2-1　花王の要約連結財務諸表（2015年12月期）

B／S

科目	金額（十億円）	科目	金額（十億円）
（資産の部）		（負債の部）	
流動資産	**733**	流動負債	**377**
現預金	125	支払手形・買掛金	134
受取手形・売掛金	206	未払金	76
有価証券	159	未払費用	99
棚卸資産	158	その他	69
その他	86	固定負債	**217**
固定資産	**549**	社債	50
有形固定資産	**328**	長期借入金	70
建物・構築物	106	退職給付に係る負債	74
機械装置・運搬具	120	その他	23
工具・器具備品	13	負債合計	**595**
土地	65	（純資産の部）	
その他	23	資本金	85
無形固定資産	**144**	資本剰余金	109
のれん	127	利益剰余金	502
その他	17	自己株式	-8
投資その他の資産	**77**	その他の包括利益累計額	-12
投資有価証券	22	新株予約権	1
その他	55	少数株主持分	11
		純資産合計	**687**
資産合計	**1,282**	負債純資産合計	**1,282**

P／Lの縮尺が合うようにして（同じ金額であれば同じ面積になるように）、左右に並べて作成してください。

さて、そのような形で作成した比例縮尺図が、次ページの図表２－２です。

これを見て、どのような仮説が立てられるでしょうか。

まず、比例縮尺図のB／Sを左側から見ていくと、流動資産の金額が最も大きくなっています。**花王は消費財メーカーですから、製品在庫を持っているはずです。また、花王の販売先は問屋や小売店なので、受取手形や売掛金などの売上債権も流動資産のなかに計上されているはずです。**

有形固定資産の多くは工場の建物、機械および土地で占められていることが想定されます。さらに、無形固定資産が１４４０

◉図表2-2　花王の連結B／S、P／Lの比例縮尺図（2015年12月期）

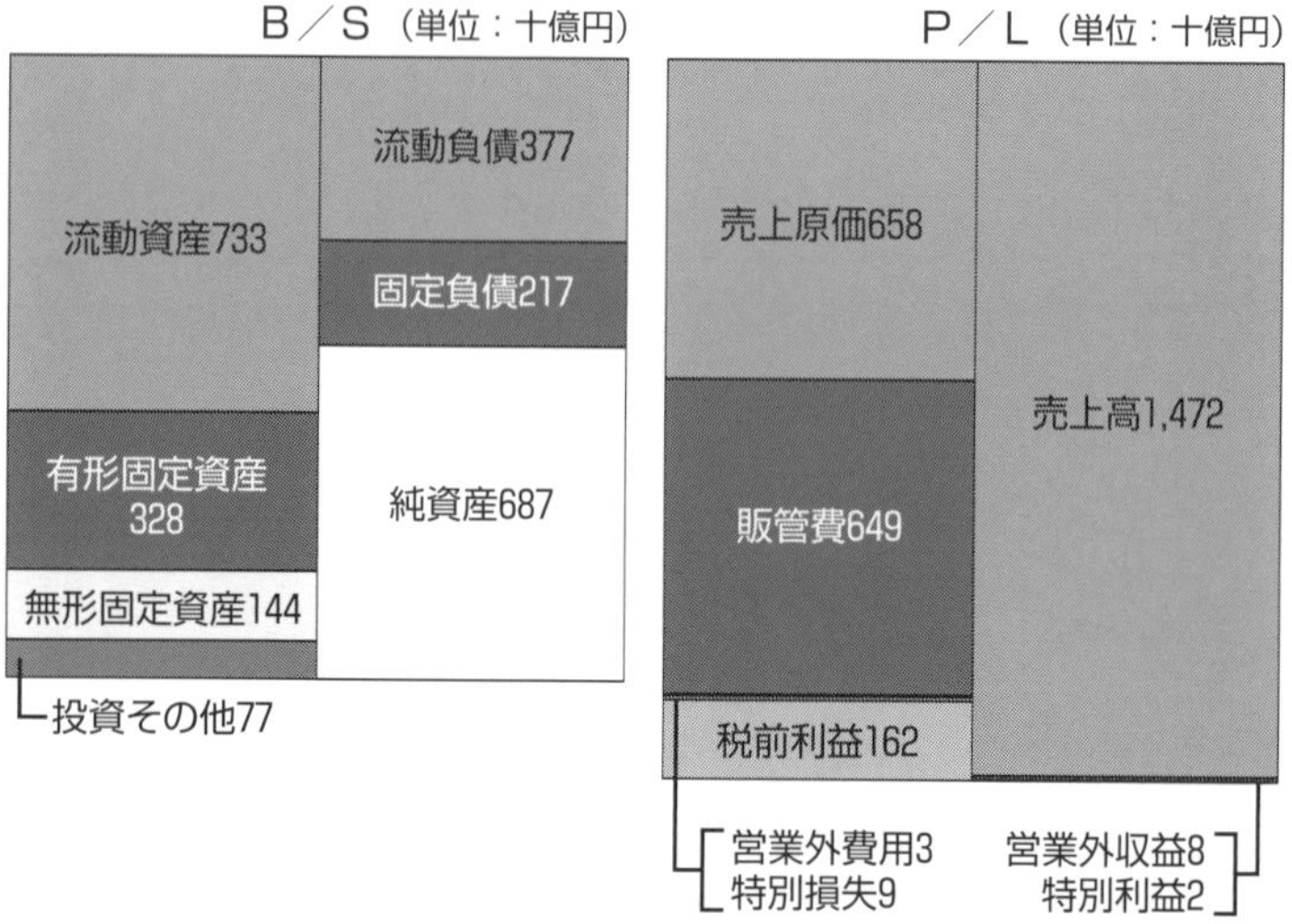

億円計上されています。この中身についても後ほどB／Sの詳細項目で確認したほうがよさそうです。

一方、B／Sの右側を見ると、純資産の大きさが目につきます。過去の利益の蓄積が利益剰余金に計上されている可能性が高そうです。

次に、比例縮尺図のP／Lを見ます。売上高が1兆4720億円に対して、売上原価が6580億円ですから、原価率は44・7％となります。**製造業の原価率の平均は70～80％**と言われていますから、原価率は低いと言えます。

これは、花王の事業のなかに、原価率の低い化粧品などが含まれている影響だと考えられます。また、機能性を追求した付加価値の高い製品を、コストを抑えて製造・

販売することで、原価率が低くなっているとも言えそうです。

販管費の金額は、6490億円と大きくなっています。消費財メーカーは広告宣伝を積極的に行なっていますから、そのあたりが影響しているのではないかと考えられます。この点も、後でP／Lの販管費の内訳で確認することにしましょう。

このように比例縮尺図から仮説を立てた後、B／S本体の項目を詳しく見ていきます。

比例縮尺図を見て立てた仮説どおり、流動資産には売上債権である受取手形・売掛金が2060億円、棚卸資産が1580億円計上されています。一方で、現預金が1250億円、有価証券が1590億円計上されています。流動資産のなかの**有価証券は短期での売買を目的としたものですから、ほぼ現預金と同等**だと考えられます。したがって、花王の手元資金は3000億円弱ということになります。

有形固定資産の中身は建物と機械が大きく、工場の資産が計上されていることがわかります。また、無形固定資産の多くは、のれんによって占められています。第1章で説明したように、過去にM&Aを行なった会社では多くの場合、のれんが計上されています。花王は、2006年に化粧品メーカーのカネボウを買収していますから、その影響だと考えられます。

さらに、B／S右側の純資産の中身を見てみると、こちらも仮説どおり、**利益剰余金**が大きくなっています。過去の好業績が反映されていると考えてよいでしょう。

P／Lの販管費の内訳も見てみます。最も大きいのは、給料手当および賞与です。日用品や化粧品などの消費財を手がける花王の場合、営業に関わる人員規模が大きいため、人件費がかさんでいると考えられます。

また、広告宣伝費、販売促進費も大きくなっています。テレビCMなどを積極的に展開し、店頭での販促プロモーションも行なっていることが影響しています。その結果、売上高に対する販管費の割合が大きくなっているわけです。

それでも、花王は税金等調整前当期純利益の段階で売上高の11・0％の利益を確保しています。

この利益が、先ほど取り上げたB／Sの利益剰余金の蓄積につながっています。

P／L

科目	金額(百万円)
売上高	113,626
売上原価	52,176
売上総利益	**61,450**
販売費及び一般管理費	**54,922**
給与手当	28,416
賃借料	6,823
その他	19,683
営業利益	**6,528**
営業外収益	624
営業外費用	344
経常利益	**6,809**
特別利益	0
特別損失	163
税金等調整前当期純利益	**6,645**
法人税、住民税及び事業税	2,255
法人税等調整額	-40
当期純利益	**4,430**

くらコーポレーションのケース

図表2－3は、回転寿司チェーンを手がける、くらコーポレーションの財務諸表です。

この財務諸表を使って比例縮尺図を作成

◉図表2-3　くらコーポレーションの要約連結財務諸表（2016年10月期）

B／S

科目	金額（百万円）	科目	金額（百万円）
（資産の部）		（負債の部）	
流動資産	**12,047**	流動負債	**12,169**
現預金	10,293	買掛金	4,436
原材料及び貯蔵品	629	リース債務	1,312
その他	1,125	未払金	3,905
固定資産	**34,480**	未払法人税等	1,412
有形固定資産	**23,825**	その他	1,104
建物・構築物	16,216	固定負債	**4,151**
機械装置・運搬具	746	リース債務	2,390
土地	3,111	資産除去債務	1,449
リース資産	3,396	その他	311
その他	357	負債合計	**16,319**
無形固定資産	378	（純資産の部）	
投資その他の資産	**10,277**	資本金	2,005
関係会社株式	1,149	資本剰余金	2,334
長期貸付金	3,679	利益剰余金	28,181
差入保証金	4,184	自己株式	-2,353
その他	1,264	その他の包括利益累計額	40
		純資産合計	**30,207**
資産合計	**46,527**	負債純資産合計	**46,527**

すると、次ページの図表2－4のようになります。

まず、この比例縮尺図から見ていきます。B／Sの左側を見ると、流動資産の少なさが目につきます。

くらコーポレーションは回転寿司チェーンを営んでいますから、在庫は鮮魚ということになります。腐りやすいものですから、あまり在庫を持つことができません。

また、**顧客である消費者は代金を主に現金で支払いますから、売掛金・受取手形も基本的にはないはず**です。このあたりが、流動資産が少ない理由になりそうです。

一方で、有形固定資産が約240億円計上されています。自社保有店舗の建物や土地が計上されていると予想されます。

また、投資その他の資産の金額も大きい

◉図表2-4　くらコーポレーションの連結B／S、P／Lの比例縮尺図（2016年10月期）

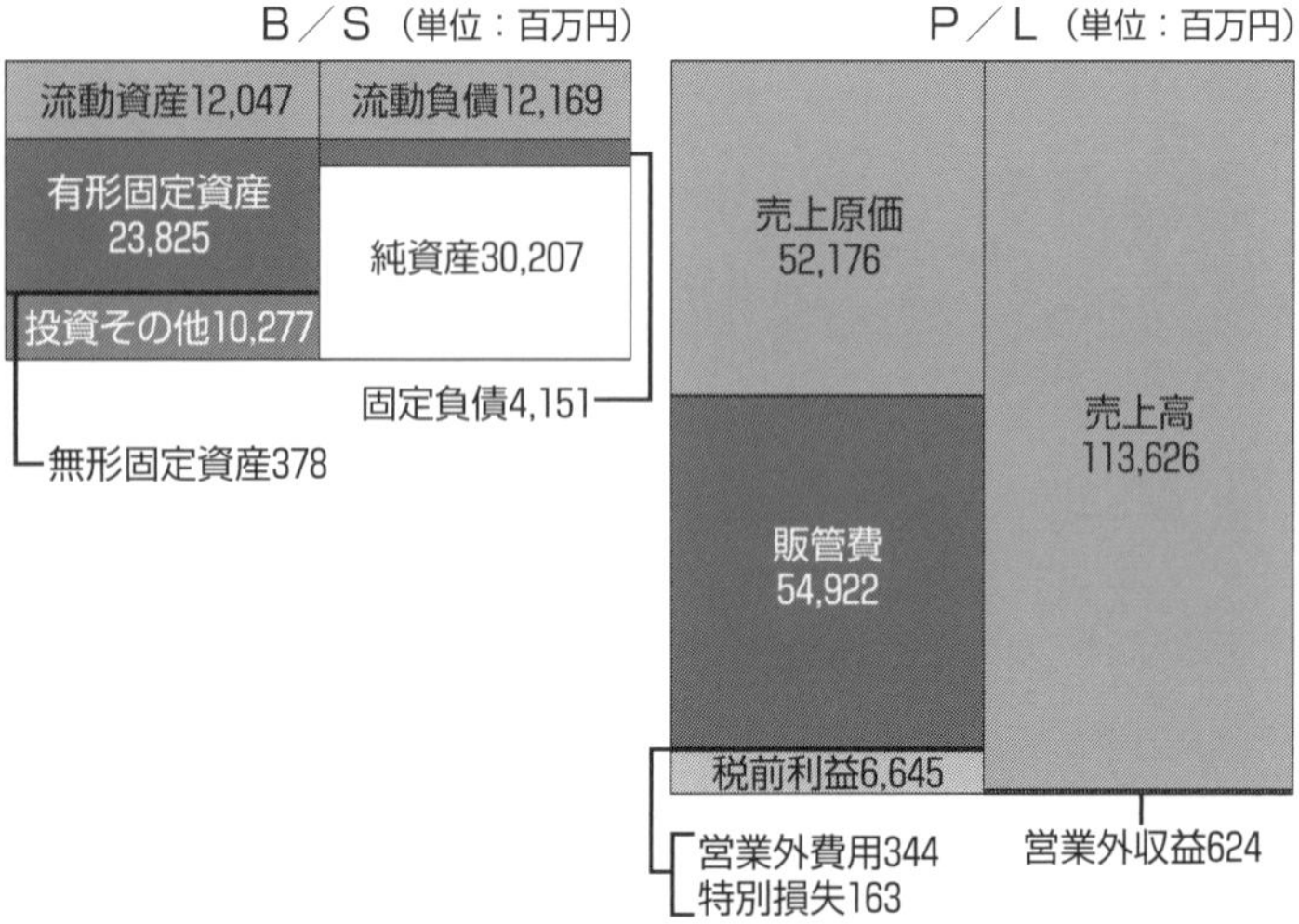

ことから、賃借店舗の保証金が計上されているものと予想できます。

通常、自社保有店舗の割合が大きいほどB／Sの規模が大きくなりますが、P／Lと比較してB／Sの規模感が小さいことから、賃借で営業している店舗の割合が多いのではないか、という推測もできそうです。

続いて、B／Sの右側を見ると、純資産が３０２億円で、総資本（負債と純資産の合計）中の純資産の割合が約65％となっています。負債依存度の低い会社と言ってよいと思います。

次に、P／Lを見ていきます。

売上高が１１３６億円に対して、売上原価が５２２億円かかっており、原価率は45・９％となっています。通常、**外食産業の原価率は30％程度**ですから、くらコーポレーションの原価率は外食チェーンとしては高いと言えます。
最近の回転寿司チェーンでは、原価のかさむ鮮魚を低価格で提供しているため、原価率は一般的に50％前後になっています。その分、店舗でかかる費用をローコストオペレーションによって抑え、利益を確保するというのが回転寿司チェーンの基本的なビジネスモデルとなります。

ここで思い起こしていただきたいのは、くらコーポレーションが近年、力を入れているサイドメニューです。くらコーポレーションでは、茶碗蒸しやうどんをはじめとして、2015年7月には「しゃりカレー」を投入するなど、寿司以外のメニューの拡充を図っています。

くらコーポレーションで、すべてのサイドメニューの原価率が低いとまでは断定できませんが、鮮魚を使用しないサイドメニューを充実させることで、寿司自体のクオリティを保ちながら原価率を下げ、利益を改善する意図がありそうです。

販管費については、金額も割合も大きくなっていますが、店舗の従業員の人件費や、店舗の賃借料が相当かかっているものと推測できます。

さて、これらを踏まえて改めて財務諸表を見てみると、ほぼ前で立てた仮説どおりの結果になっていることがわかります。

寿司の材料である鮮魚の品質を一定水準以上に保ちながら、原価率を引き下げるとともに顧客の需要を喚起するサイドメニューを投入することで、利益を確保している姿が浮かび上がってきます。

このような利益を生み出すビジネスモデルができているからこそ、強固な財務基盤を築くことができているとも言えます。

ヤマダ電機のケース

P／L

科目	金額（十億円）
売上高	1,613
売上原価	1,153
売上総利益	**460**
販売費及び一般管理費	**401**
広告宣伝費	29
給与手当	107
賃借料	74
減価償却費	20
ポイント販促費	46
その他	126
営業利益	**58**
営業外収益	17
営業外費用	13
経常利益	**63**
特別利益	2
特別損失	14
税金等調整前当期純利益	**51**
法人税、住民税及び事業税	19
法人税等調整額	0
当期純利益	**32**
非支配株主に帰属する当期純利益	2
親会社株主に帰属する当期純利益	**30**

最後にＢｔｏＣ企業として取り上げるのは、家電量販チェーンを運営するヤマダ電機です。ヤマダ電機の財務諸表は図表２－５、比例縮尺図は62ページの図表２－６のようになります。これまで取り上げた企業と同様に、まずはＢ／Ｓの比例縮尺図から見ていきます。

Ｂ／Ｓの左側では、流動資産が５０００億円と最も大きくなっています。

◉図表2-5　ヤマダ電機の要約連結財務諸表（2016年3月期）

B／S

科目	金額（十億円）	科目	金額（十億円）
（資産の部）		（負債の部）	
流動資産	**500**	流動負債	**297**
現預金	32	支払手形・買掛金	80
受取手形・売掛金	59	短期借入金	68
棚卸資産	361	1年内返済予定の長期借入金	59
その他	48	ポイント引当金	17
		その他	73
固定資産	**646**	固定負債	**292**
有形固定資産	**439**	社債	100
建物・構築物	225	長期借入金	105
土地	185	資産除去債務	24
リース資産	11	その他	63
その他	19	負債合計	**589**
		（純資産の部）	
無形固定資産	35	資本金	71
		資本剰余金	73
投資その他の資産	**172**	利益剰余金	458
投資有価証券	4	自己株式	-68
長期貸付金	9	その他の包括利益累計額	0
差入保証金	113	新株予約権	1
その他	45	非支配株主持分	23
		純資産合計	**558**
資産合計	**1,147**	負債純資産合計	**1,147**

ヤマダ電機は家電量販店ですから、多くの店頭在庫を抱えているはずで、これが流動資産の大半を占めているのではないかと予想されます。一方で、くらコーポレーションと同じように、主な顧客は最終消費者ですから、受取手形や売掛金は少ないはずです。

有形固定資産が大きいのは、自社保有の店舗や物流センターによるものでしょう。また、投資その他の資産には差入保証金が含まれているはずです。このあたりは、店舗商売を行なっているビジネスに共通する特徴と言えます。

続いて、B／Sの比例縮尺図の右側を見ていきます。まず、総資本に占める負債と純資産の割合はだいたい50：50になっています。負債もある程度活

◉図表2-6　ヤマダ電機の連結Ｂ／Ｓ、Ｐ／Ｌの比例縮尺図（2016年3月期）

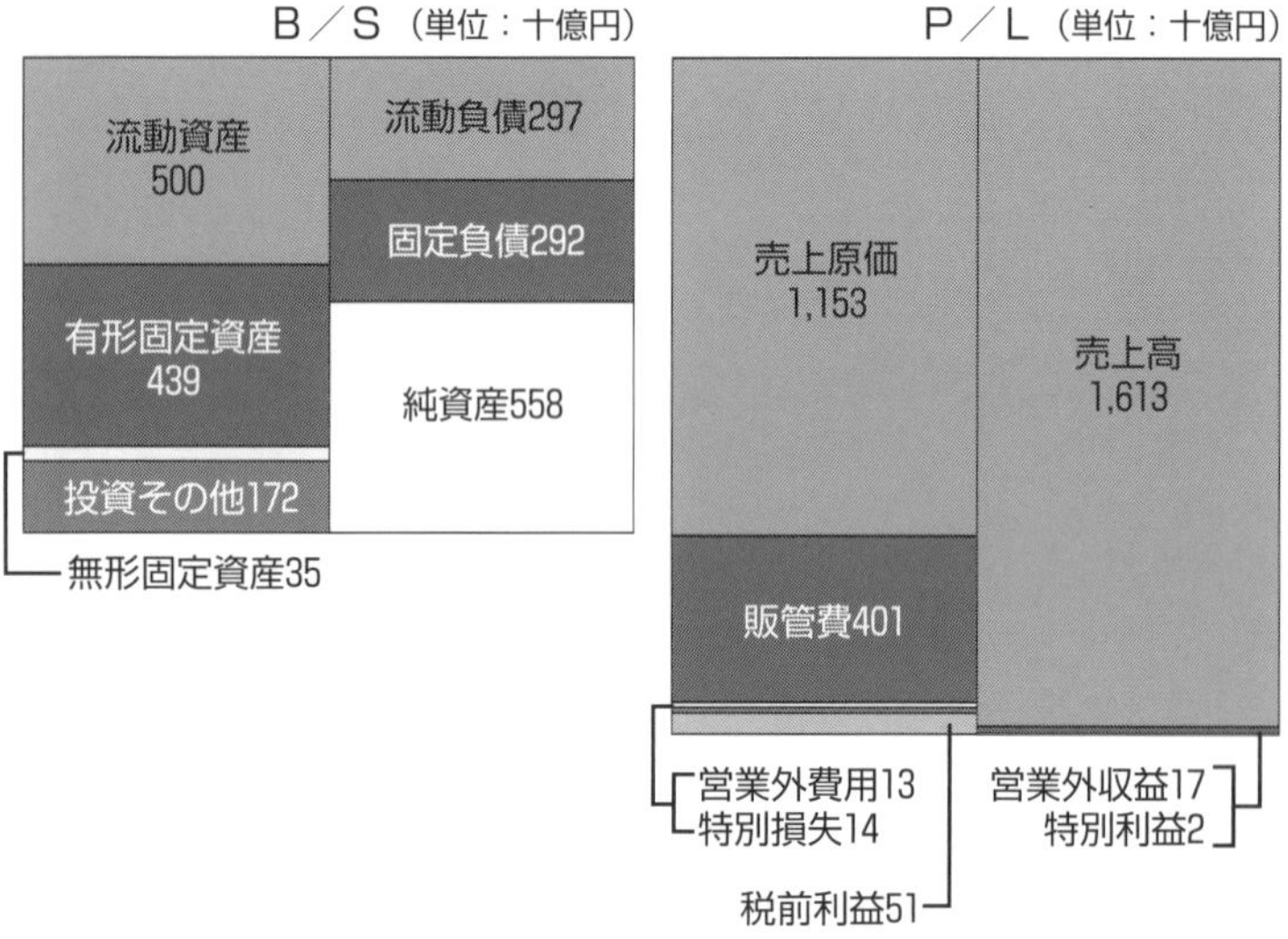

用しながら事業展開をしていると言えそうです。

Ｐ／Ｌの比例縮尺図を見てみると、売上高に対する売上原価の割合が約71・５％となっています。**小売業の売上原価率は60～70％程度**と言われていますから、それに比べるとやや高い水準です。

やはり、家電品は価格競争も厳しいために、原価の割合が高くなっているようです。それに伴って、販管費を抑えないと利益が出にくい構造になっています。

しかし、広告宣伝や販売活動に関わる人件費、店舗の賃借料などは抑えるのにも限度があります。したがって、手元に残る利益はどうしても少なくなりがちです。ヤマダ電機の場合も、売上高１兆６１３０億円に対して、税金等調整前当期純利益は５１

0億円（対売上比約3・2％）となっており、利益率は決して高くありません。

さて、B／S、P／L本体に戻って、もう一度詳細を確認していきましょう。

B／Sに関しては、ほぼ想定どおりになっていると思います。予想と違う点としては、流動資産のなかに、あまり多くはありませんが受取手形および売掛金が計上されていることが挙げられます。ヤマダ電機の主たるビジネスは最終消費者に対する家電の小売事業ですが、一部、法人向けビジネスも手がけているのかもしれません。実際、調べてみると、ヤマダ電機は法人向けの販売窓口を設けていますから、そこで生じた債権の可能性が高いと考えられます。

続いて、P／Lの販管費の内訳を見ていきます。

こちらも予想したとおり、給与手当、賃借料、広告宣伝費などの占める割合が大きくなっています。また、目につくのは、**ポイント販促費**という項目です。

私たちが家電量販店で買い物をすると、ポイントカードにポイントがつきますが、このポイントは将来買い物をするときの割引に充てられます。これはヤマダ電機にとっては費用に当たりますから、それがポイント販促費として計上されているわけです。

営業利益580億円に対してポイント販促費が460億円計上されている点から、実質的な値引きであるポイントが利益に与えるインパクトが大きいことがわかります。とはいえ、競合他店との競争上ポイントによる値引きが不可欠だと考えるならば、ここは頭の痛いところだと言えそうです。

BtoC企業の財務諸表の特徴

ここまで、花王、くらコーポレーション、ヤマダ電機といったBtoC企業の財務諸表を見てきました。業態や扱う商材はそれぞれ異なりますが、いくつかBtoC企業の特徴として挙げられるポイントがありましたので、ここでまとめておきます。

BtoC企業のB／Sでは、製造業であれば工場を、外食産業や小売業であれば店舗を保有しているため、有形固定資産の資産全体に占める割合が大きくなっていました。

また、くらコーポレーションのように、日持ちしない生ものを扱っている場合は例外として、棚卸資産（在庫）も一定金額計上されていました。一方、受取手形・売掛金といった売上債権に関しては、花王のような製造業では取引相手が問屋や小売業といった法人であるために計上されていましたが、基本的に最終消費者との取引を行なう会社ではほとんど計上されていません。

P／Lでは、それぞれの会社で扱う商材やサービスが異なるため、売上高に対する売上原価の割合もバラツキがありました。売上原価の高低に関しては、競合他社と比較して検討する必要がありそうです。

一方、販管費に関しては、ＢｔｏＣ企業が最終消費者向けのビジネスを手がける会社であることから、営業・販売・マーケティングに関わる費用が多く計上されていました。具体的には、営業販売に関わる人件費や、広告宣伝費、店舗を構える業態であれば店舗の賃借料などがかかってきます。したがって、**ＢｔｏＣ企業の場合、売上高に占める販管費の割合が比較的高くなる**傾向があります。

また、ヤマダ電機のポイント販促費のように、業種特有の費用も計上されていることがありますから、そうした点にも注意しながら分析を進める必要があります。

ＢｔｏＢ企業の財務諸表を分析する

ＢｔｏＢ企業は、企業間取引を主体としており、その多くは生産財を取り扱う会社ということになります。

最終消費者としての私たちにとって、ＢｔｏＢ企業はＢｔｏＣ企業に比べると馴染みのない会社になりますが、ＢｔｏＢ企業には収益性の高い優良企業が数多く存在します。

ここでは、鉄鋼メーカーである**新日鐵住金**と、化学メーカーである**信越化学工業**を取り上げます。

P／L

科目	金額(十億円)
売上高	4,907
売上原価	4,288
売上総利益	**619**
販売費及び一般管理費	**451**
販売品運賃及び荷役等諸掛	107
給料手当及び賞与	118
研究開発費	54
その他	172
営業利益	**168**
営業外収益	108
営業外費用	75
経常利益	**201**
特別利益	63
特別損失	33
税金等調整前当期純利益	**231**
法人税、住民税及び事業税	49
法人税等調整額	31
当期純利益	**152**
非支配株主に帰属する当期純利益	6
親会社株主に帰属する当期純利益	**145**

◉図表2-7　新日鐵住金の要約連結財務諸表（2016年3月期）

B／S

科目	金額（十億円）	科目	金額（十億円）
（資産の部）		（負債の部）	
流動資産	**1,990**	流動負債	**1,615**
現預金	85	支払手形・買掛金	589
受取手形・売掛金	523	短期借入金	400
棚卸資産	1,111	1年内償還予定の社債	50
その他	271	未払金	333
固定資産	**4,435**	その他	243
有形固定資産	**2,579**	固定負債	**1,801**
建物・構築物	682	社債	336
機械装置・運搬具	1,029	長期借入金	1,209
土地	593	退職給与に係る負債	129
建設仮勘定	224	その他	127
その他	52	負債合計	**3,416**
無形固定資産	**88**	（純資産の部）	
のれん	42	資本金	420
ソフトウェア	39	資本剰余金	383
その他	7	利益剰余金	1,838
投資その他の資産	**1,768**	自己株式	-88
投資有価証券	592	その他の包括利益累計額	221
関係会社株式	980	非支配株主持分	235
その他	196	純資産合計	**3,009**
資産合計	**6,425**	負債純資産合計	**6,425**

新日鐵住金のケース

新日鐵住金のB／S、P／Lは図表2－7、その比例縮尺図は次ページの図表2－8のようになります。

これまでに取り上げた企業と同様に、比例縮尺図から見ていきます。

まず、B／Sの左側で一番金額が大きいのが有形固定資産です。新日鐵住金は鉄鋼メーカーですから、高炉などを保有する大規模な製鉄所があるはずです。そのため、ここには、製鉄所の建物、機械および土地が計上されていることが予想されます。

流動資産は1兆9900億円計上されています。新日鐵住金は**BtoBのメーカーですから、売上債権が計上されてい**

◉図表2-8　新日鐵住金の連結B／S、P／Lの比例縮尺図
（2016年3月期）

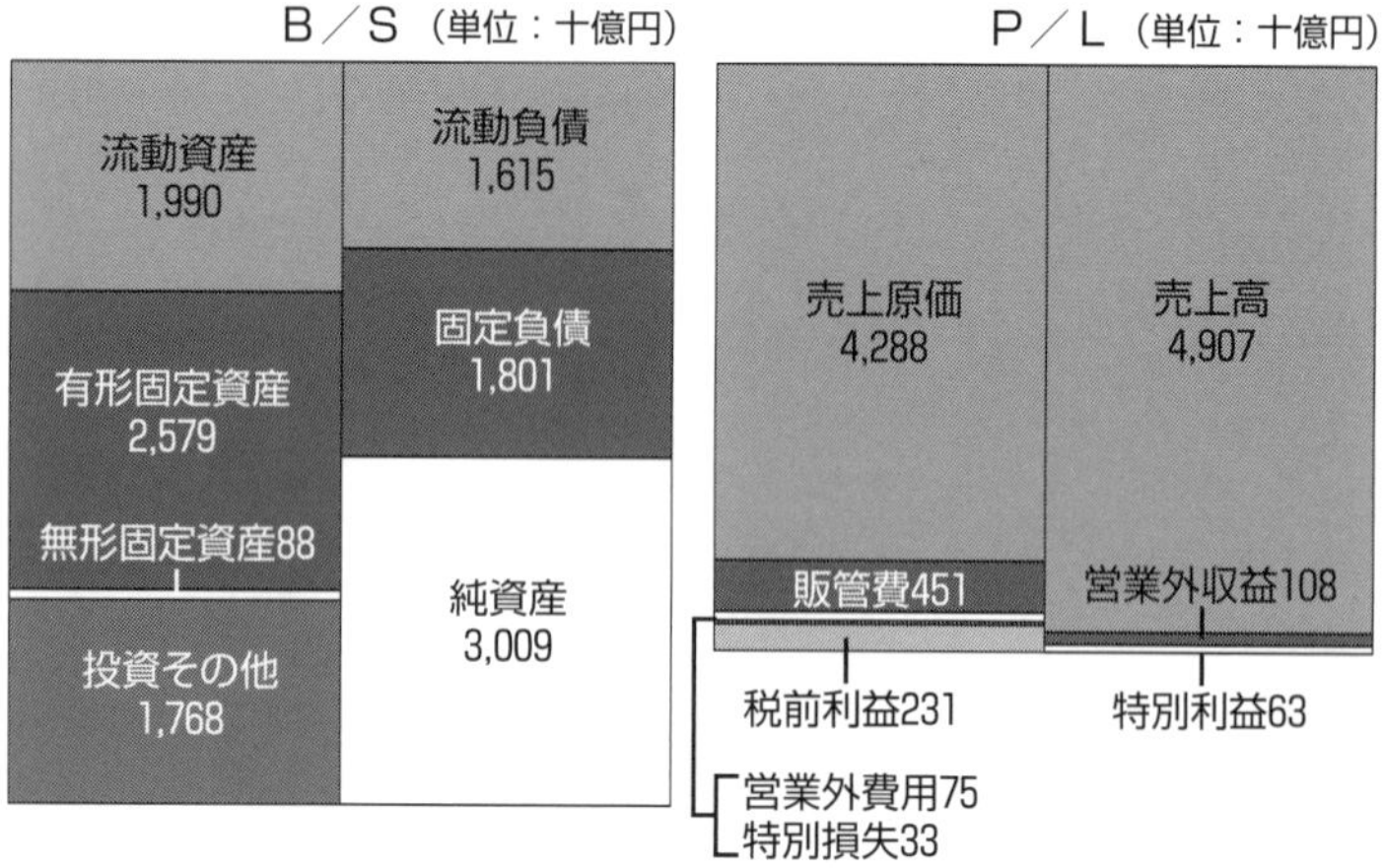

るはずです。また、鉄鋼の在庫（棚卸資産）も含まれているでしょう。

投資その他の資産も金額が大きくなっています。何がそこに計上されているのか、後ほどB／S本体で確認しておく必要がありそうです。

続いて、B／Sの右側を見ていきます。総資本に占める負債の割合は53・1％となっており、負債と純資産がだいたい半々と見てもよさそうです。製鉄所などの建設に必要な資金の一部を負債でカバーしている可能性が見て取れます。

次に、P／Lを見ていくと、売上原価の売上高に対する比率は87・4％と、前で取り上げたBtoC企業と比べてかなり高くなっています。その一方で、販管費は4510億円で、売上高の9・2％に過ぎません。**BtoC企業に比べてBtoB企業の原価率は高いものの、営**

業などに関わる人件費などのコストが少なくて済むため、利益を確保できるビジネスモデルになっていることがわかります。

さて、ここまでで検討したことを踏まえて、改めてB／S、P／L本体を眺めてみましょう。B／Sの資産に関しては、ほぼ想定していたとおりの内容になっています。投資その他の資産の中身を見ると、投資有価証券（5920億円）と関係会社株式（9800億円）の金額が大きくなっています。ここから、グループ会社の株式や、その他の会社への投資を活発に行なっている様子がわかります。この投資の内容についてより詳しく知りたいときには、有価証券報告書などを調べることになります。B／Sの右側を見ると、負債の部には借入金や社債が計上されています。やはり、有利子負債を設備投資などに充てているようです。

P／Lの販管費の内訳を見てみると、販売品の運賃、給与手当及び賞与の金額が大きくなっています。鉄鋼は非常に重量の大きい製品ですから、販売用製品を運ぶには大きなコストがかかるため、その運賃が計上されています。

とはいえ、広告宣伝費などはほとんど計上されていませんし、人件費の割合もBtoC企業に比べると低くて済みますので、トータルとしての販管費は少なくなっているわけです。

信越化学工業のケース

ＢｔｏＢ企業を、もう1社見ていきましょう。

信越化学工業は、塩化ビニールやシリコンウェハーなどの電子材料を製造している化学メーカーです。信越化学工業のＢ／Ｓ、Ｐ／Ｌは図表２－９、それをもとに作成した比例縮尺図は72ページの図表２－10のようになります。

P／L

科目	金額（十億円）
売上高	1,280
売上原価	930
売上総利益	**350**
販売費及び一般管理費	**141**
発送費	35
給料手当	24
技術研究費	16
その他	65
営業利益	**209**
営業外収益	21
営業外費用	9
経常利益	**220**
税金等調整前当期純利益	**220**
法人税、住民税及び事業税	65
法人税等調整額	4
当期純利益	**150**
非支配株主に帰属する当期純利益	2
親会社株主に帰属する当期純利益	**149**

図表２－10のＢ／Ｓの比例縮尺図を見てみると、左側で金額的に一番大きいのは流動資産（1兆4530億円）、次いで有形固定資産（8050億円）となっています。

新日鐵住金と同様に、流動資産のなかには売上債権や棚卸資産が含まれていると思われますが、流動資産の割合は新日鐵住金に比べて大きくなっています。

後で、Ｂ／Ｓ本体で流動資産の中身を確認する必要がありそうです。

有形固定資産は、やはり工場の建物、設

◉図表2-9　信越化学工業の要約連結財務諸表（2016年3月期）

B／S

科目	金額（十億円）	科目	金額（十億円）
（資産の部）		（負債の部）	
流動資産	**1,453**	流動負債	**282**
現預金	597	支払手形・買掛金	116
受取手形・売掛金	269	短期借入金	8
有価証券	236	未払金	49
棚卸資産	281	未払費用	57
その他	69	その他	53
		固定負債	**148**
固定資産	**1,057**	長期借入金	5
有形固定資産	**805**	繰延税金負債	96
建物・構築物	170	退職給付に係る負債	33
機械装置・運搬具	410	その他	13
土地	83	負債合計	**430**
建設仮勘定	134	（純資産の部）	
その他	8	資本金	119
		資本剰余金	129
無形固定資産	13	利益剰余金	1,731
		自己株式	-33
投資その他の資産	**239**	その他の包括利益累計額	82
投資有価証券	130	非支配株主持分	52
その他	109	純資産合計	**2,080**
資産合計	**2,510**	負債純資産合計	**2,510**

備、土地などが計上されているのではないかと推測できます。

一方、B／Sの右側で目につくのは、純資産の割合の大きさです。総資本の82・8％が純資産で占められており、ほぼ無借金の状態ではないかと思われます。

このB／Sの右側は、優良企業で典型的に見られるパターンです。

次に、P／Lの比例縮尺図を見てみると、売上高に対する売上原価の割合は72・7％となっており、これはBtoC企業で分析したヤマダ電機に近い数字です。

その一方で、販管費は売上高の11・0％となっていて、先ほどの新日鐵住金に近い水準となっています。結果として、税金等調整前当期純利益は2200億円となり、これは対売上高で17・2％に相当します。

◉図表2-10　信越化学工業の連結B／S、P／Lの比例縮尺図
（2016年3月期）

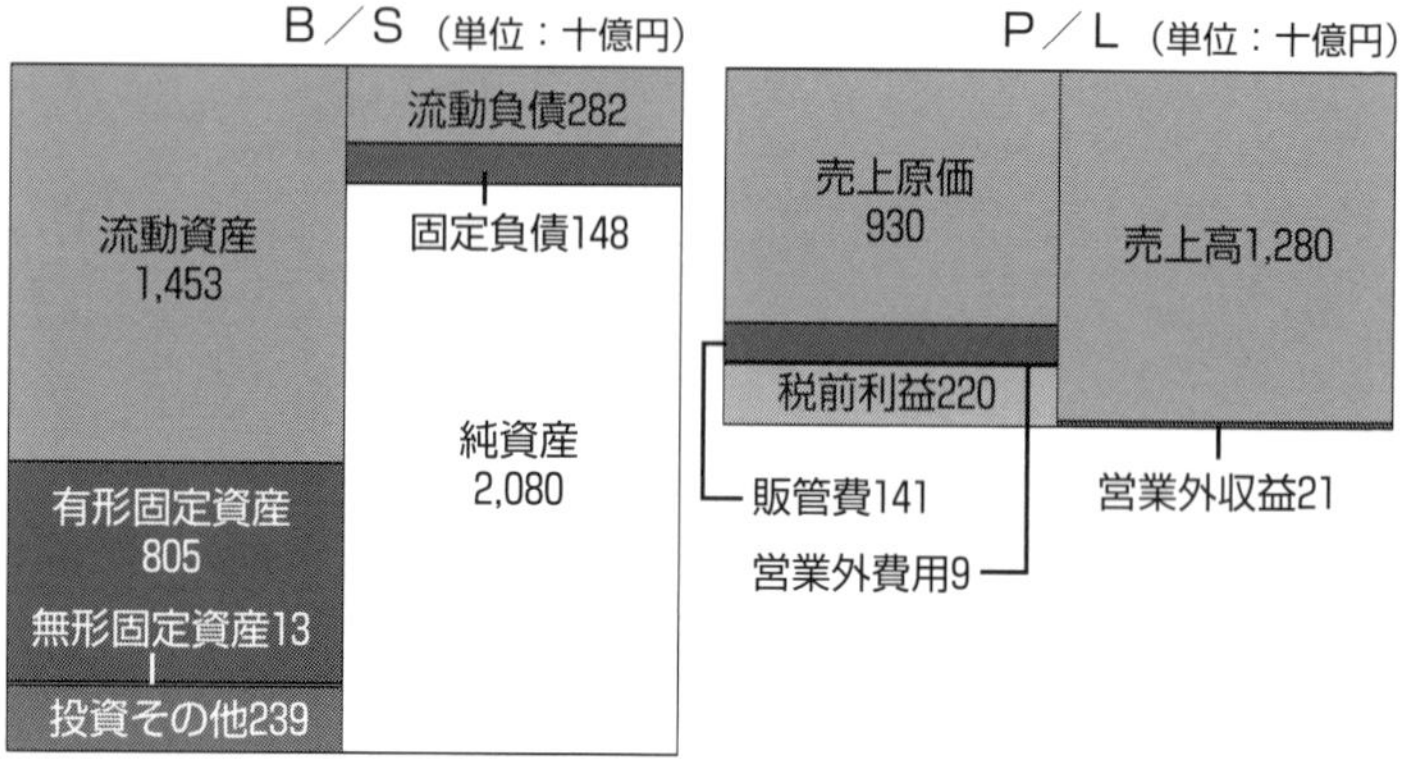

したがって、信越化学工業は、極めて収益性の高い企業であると言えるでしょう。

改めてB／S、P／Lの本体を見てみます。B／Sの流動資産を見てみると、現預金が流動資産の41・1%を占めています。B／Sの右側の純資産の分厚さを考えると、これまで上げてきた**大きな利益を内部留保**し、それを現金として保有しているのではないかと考えられます。

また、P／Lの販管費の内訳を見ると、発送費、給料手当、技術研究費が主な項目になっており、先ほどの新日鐵住金と似ています。

この信越化学工業のB／S、P／Lには、高収益体質のBtoB企業の特徴がとてもよく出ています。信越化学工業の製品は、グローバルシェアでもトップを走っているものが多く、**原料の価格を抑えながら、技術力によって高いシェアを獲得**することに成功しています。

その結果として、高い利益率を実現することができているのです。村田製作所など、優良企業と言われるＢｔｏＢ企業では、これと似た形の財務諸表がよく見られます。

■ＢｔｏＢ企業の財務諸表の特徴

ＢｔｏＢ企業として今回取り上げた、新日鐵住金と信越化学工業の両社に共通しているのは、Ｐ／Ｌに計上されている**販管費がいずれも売上高の10％前後**であるということです。ＢｔｏＣ企業と違って、広告宣伝や営業販売にかかるコストが少なく済むため、販管費の水準は低めになっています。

一方、新日鐵住金の原価率は相対的に高く、結果として利益率はそれほど高くありませんでしたが、信越化学工業の場合は原価率を低く抑えることに成功しているため、非常に高い利益を上げることができています。

また、ＢｔｏＢ企業のＢ／Ｓでは、工場の建物、設備、土地などが計上されるため、有形固定資産が比較的大きくなりますが、その規模はどのような製品を手がけているかによって大きく左右されます。

ITベンチャー企業の財務諸表を分析する

次に、ＩＴ技術の急速な進歩に伴い、存在感が増してきているＩＴベンチャー企業の財務諸表を見ていきたいと思います。

ＩＴベンチャー企業は、ユニークなビジネスモデルを持っていることが多いのですが、そうしたビジネスモデル上の特徴は、財務諸表にどのように表れているのでしょうか。

ここでは、料理レシピコミュニティサイト「クックパッド（Ｃｏｏｋｐａｄ）」などを運営する**クックパッド**の財務諸表を見ていきます。

P／L

科目	金額(百万円)
売上収益	14,716
売上原価	1,411
売上総利益	**13,306**
販売費及び一般管理費	**7,111**
従業員給付費用及び報酬	3,350
売上手数料	835
業務委託費	437
その他	2,489
その他の収益	626
その他の費用	277
営業利益	**6,544**
金融収益	122
金融費用	4
持分法による投資損失	6
税引前当期利益	**6,657**
法人税所得税費用	2,550
当期利益	**4,107**
(親会社の所有者に帰属する当期利益)	4,091
(非支配持分に帰属する当期利益)	17

◉図表2-11　クックパッドの要約連結財務諸表（2015年12月期）

B／S

科目	金額（百万円）	科目	金額（百万円）
（資産の部）		（負債の部）	
流動資産	**16,710**	流動負債	**3,723**
現金及び現金同等物	13,048	借入金	118
営業債権及びその他の債権	3,237	営業債務及びその他の債務	1,247
棚卸資産	265	その他の金融負債	45
その他	159	未払法人所得税等	1,837
		その他	476
非流動資産	**10,785**	非流動負債	**375**
有形固定資産	552	借入金	130
のれん	7,231	その他の金融負債	43
無形資産	329	引当金	201
持分法で会計処理されている投資	100	負債合計	**4,098**
その他の金融資産	1,980	（資本の部）	
繰延税金資産	584	資本金	5,230
その他の非流動資産	8	資本剰余金	5,107
		利益剰余金	10,597
		自己株式	-2
		その他の資本の構成要素	146
		非支配持分	2,318
		資本合計	**23,396**
資産合計	**27,494**	負債資本合計	**27,494**

クックパッドのケース

図表２－11は、クックパッドの要約財務諸表です。この要約財務諸表を注意深く見ると、これまでに取り上げてきた財務諸表と少し形式が異なっていることに気づいたと思います。

じつは、ここまで取り上げた会社はすべて、日本の会計基準に基づいて財務諸表を作成していたのですが、クックパッドは**国際会計基準（IFRS）**を適用しています。近年になって、ＩＦＲＳを適用する企業は増加する傾向にあります。その理由については第４章で改めて取り上げます。

日本基準を適用して作成された財務諸表と、ＩＦＲＳを適用して作成された財

◉図表2-12　クックパッドの連結Ｂ／Ｓ、Ｐ／Ｌの比例縮尺図（2015年12月期）

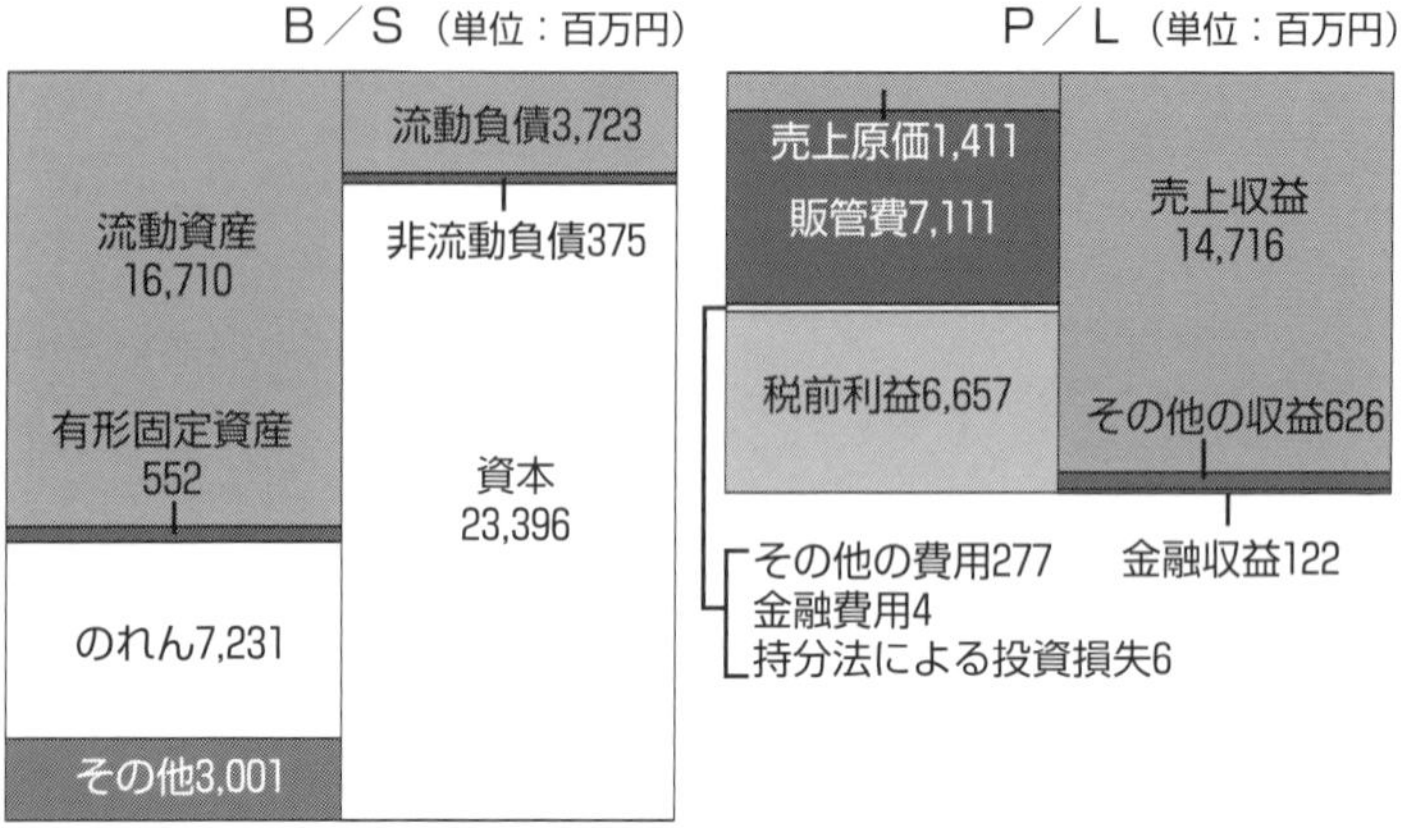

務諸表には様々な違いがあるのですが、その詳細の説明については他の専門書などに譲り、ここでは最低限知っておくべき内容だけを押さえておきたいと思います。

まず、ＩＦＲＳでは、連結Ｂ／Ｓは「**連結財政状態計算書**」と呼ばれます。**日本基準での固定資産は非流動資産、固定負債は非流動負債、純資産は資本**という名称になっています。

また、ＩＦＲＳを適用したＰ／Ｌでは、日本基準を適用した場合に営業利益の下に表示される、営業外収益、営業外費用、特別利益、特別損失といった項目がなく、日本の会計基準で作成されたＰ／Ｌには表示されていた「経常利益」も登場しません。

それ以外にも日本基準とＩＦＲＳの間には様々な違いがあるのですが、あまりそこにこだわらずに、これまで同様、あくまで全体像をつかむことに力を入れてください。

クックパッドのＢ／ＳとＰ／Ｌを比例縮尺図にしたものが、図表２－12です。日本基準と項目が違うため、機械的にこれまでと同じやり方で作成することはできませんが、金額の大きな項目に着目して作成しています。読者の皆さんも比例縮尺図の作成には慣れてきたころでしょうから、必ずしも図表２－12のような形にこだわらずに、自分自身が分析しやすい形で作成してみてください。

さて、比例縮尺図をＢ／Ｓから見てみると、左側では流動資産の大きさが目立つ一方、有形固定資産の金額は相対的に小さくなっています。ＩＴ企業では、サーバなどは必要でしょうが、製造業などと比較すると有形固定資産の必要性が低いことを物語っています。

一方、のれんが約72億円計上されており、Ｍ＆Ａを積極的に進めてきた様子が伺えます。調べてみると、クックパッドは海外への事業展開や事業の多角化などをめざしてＭ＆Ａを行なってきており、それに伴うのれんだと推測されます。

Ｂ／Ｓの右側を見ると、負債の割合が低く、資本が大部分を占めていることがわかります。先ほどの流動資産の大きさと併せて考えると、過去の内部留保を現金に近い形で多く保有している可能性がありそうです。

続いて、Ｐ／Ｌの比例縮尺図を見ていきましょう。目につくのは、売上原価が非常に小さいという点です。クックパッドの主な収益源は、有料会員であるプレミアム会員からの会費、食品メーカー等のマーケティング支援による収入、バナーなどによる広告収入などです。これらの収益は、集客力が高まるほど増加していきますが、一方の費用は集客数が増えてもあまり変わりません。クックパッドは非常に高い集客力を誇るレシピサイトですから、多額の収益が上がっても、それにかかる費用は少なく、結果として非常に高い利益を上げることに成功しています。

次に、改めて要約B／S、P／Lの本体を見ていくと、比例縮尺図を見ながら立てた仮説が概ね正しいことがわかります。B／Sの左側に表示されている流動資産の中身は、現金及び現金同等物（現預金など）がその多くを占めています。これは、過去の内部留保を現預金として保有していることを示しています。

また、P／Lの販管費を見てみると、その約半分が人件費です。やはり、クックパッドの費用は売上が変動しても変わらない、いわゆる固定費が大部分を占めていると思われます。したがって、売上収益が伸びれば、その分利益が増える**固定費型のビジネス**構造になっています。

ITベンチャー企業の財務諸表の特徴

クックパッドの財務諸表には、多くのITベンチャー企業と共通する事業構造がよく表れています。

　まず、**ＩＴベンチャー企業の多くは、あまり大きな有形固定資産を必要としないため、固定資産（非流動資産）が小さくなる**傾向にあります。クックパッドは過去のＭ＆Ａによって多額ののれんを抱えていましたが、もし、Ｍ＆Ａが行なわれていなければ、固定資産（非流動資産）はもっと小さくなっているはずです。

　Ｐ／Ｌの構造を見たとき、**クックパッドで特徴的なのは、典型的な固定費型のビジネスであるということでした**。前ページで述べたように、**固定費型のビジネスでは、売上が伸びても固定費はそれほど変わらないため、売上が伸びれば伸びるだけ利益が大きく増える**構造になっています。その結果、大きな内部留保が確保でき、結果として多額の現預金を保有するに至っています。

　これは、裏を返せば売上がまだほとんど上がっていないスタートアップの段階からかなりの費用がかかることを意味しています。したがって、**固定費型のビジネスは、ハイリスク・ハイリターン**の構造になっていると言えます。

資金繰りが悪化すると比例縮尺図はどうなる？

会社において経営状態が悪化し、資金繰りが苦しくなると、財務諸表はどのようになるのでしょうか。

P／L

科目	金額(十億円)
売上高	244
売上原価	146
売上総利益	**98**
販売費及び一般管理費	**28**
広告宣伝費	3
給料及び手当	8
支払手数料	4
その他	14
営業利益	**70**
営業外収益	2
営業外費用	10
経常利益	**62**
特別利益	4
特別損失	4
税金等調整前当期純利益	**61**
法人税、住民税及び事業税	25
法人税等調整額	-1
少数株主利益	6
当期純利益	**31**

キャッシュ・フロー計算書

科目	金額(十億円)
営業活動によるキャッシュ・フロー	
税金等調整前当期純利益	61
減価償却費	2
…	
棚卸資産の増減額	-138
…	
小計	**-68**
利息及び配当金の受取額	1
利息の支払額	-8
法人税等の支払額	-24
営業活動によるキャッシュ・フロー	**-100**
投資活動によるキャッシュ・フロー	
…	
投資活動によるキャッシュ・フロー	**-11**
財務活動によるキャッシュ・フロー	
短期借入金の純増減額	31
…	
長期借入れによる収入	144
長期借入金の返済による支出	-103
社債の発行による収入	57
社債の償還による支出	-39
…	
財務活動によるキャッシュ・フロー	**89**
現金及び現金同等物に係る換算差額	0
現金及び現金同等物の増減額	**-22**
現金及び現金同等物の期首残高	**60**
連結の範囲の変更に伴う現金及び現金同等物の増加額	4
現金及び現金同等物の期末残高	**42**

◉図表2-13　アーバンコーポレイションの要約連結財務諸表（2008年3月期）

B／S

科目	金額（十億円）	科目	金額（十億円）
（資産の部）		（負債の部）	
流動資産	**556**	流動負債	**248**
現預金	45	支払手形・買掛金	13
受取手形・売掛金	2	短期借入金	172
棚卸資産	438	コマーシャルペーパー	7
共同事業出資金	37	1年内償還予定社債	15
その他	34	その他	41
固定資産	**46**	固定負債	**223**
有形固定資産	**21**	社債	34
建物・構築物	8	新株予約権付社債	27
機械装置・運搬具	1	長期借入金	152
土地	11	その他	9
その他	1	負債合計	**471**
		（純資産の部）	
無形固定資産	5	資本金	19
		資本剰余金	21
投資その他の資産	**20**	利益剰余金	70
投資有価証券	9	自己株式	0
その他	10	評価・換算差額等	0
		少数株主持分	21
繰延資産	0	純資産合計	**132**
資産合計	**603**	負債純資産合計	**603**

第1章で取り上げたように、**業績が悪化して資金繰りが厳しい会社を見るときには、キャッシュ・フロー計算書の状況を確認することが重要**です。ここでは、2008年に経営破綻した不動産業の**アーバンコーポレイション**のB/S、P/L、キャッシュ・フロー計算書を分析し、破綻の原因を探っていきます。

アーバンコーポレイションのケース

アーバンコーポレイションの2008年3月期における財務諸表は、図表2－13のようになっていました。この財務諸表を比例縮尺図にしたものが、図表2－14です。

まず、B/Sの比例縮尺図を左側から見ていくと、**流動資産が極めて大きな割合を占めている**ことがわかります。

◉図表2-14　アーバンコーポレイションの連結財務諸表の比例縮尺図（2008年12月期）

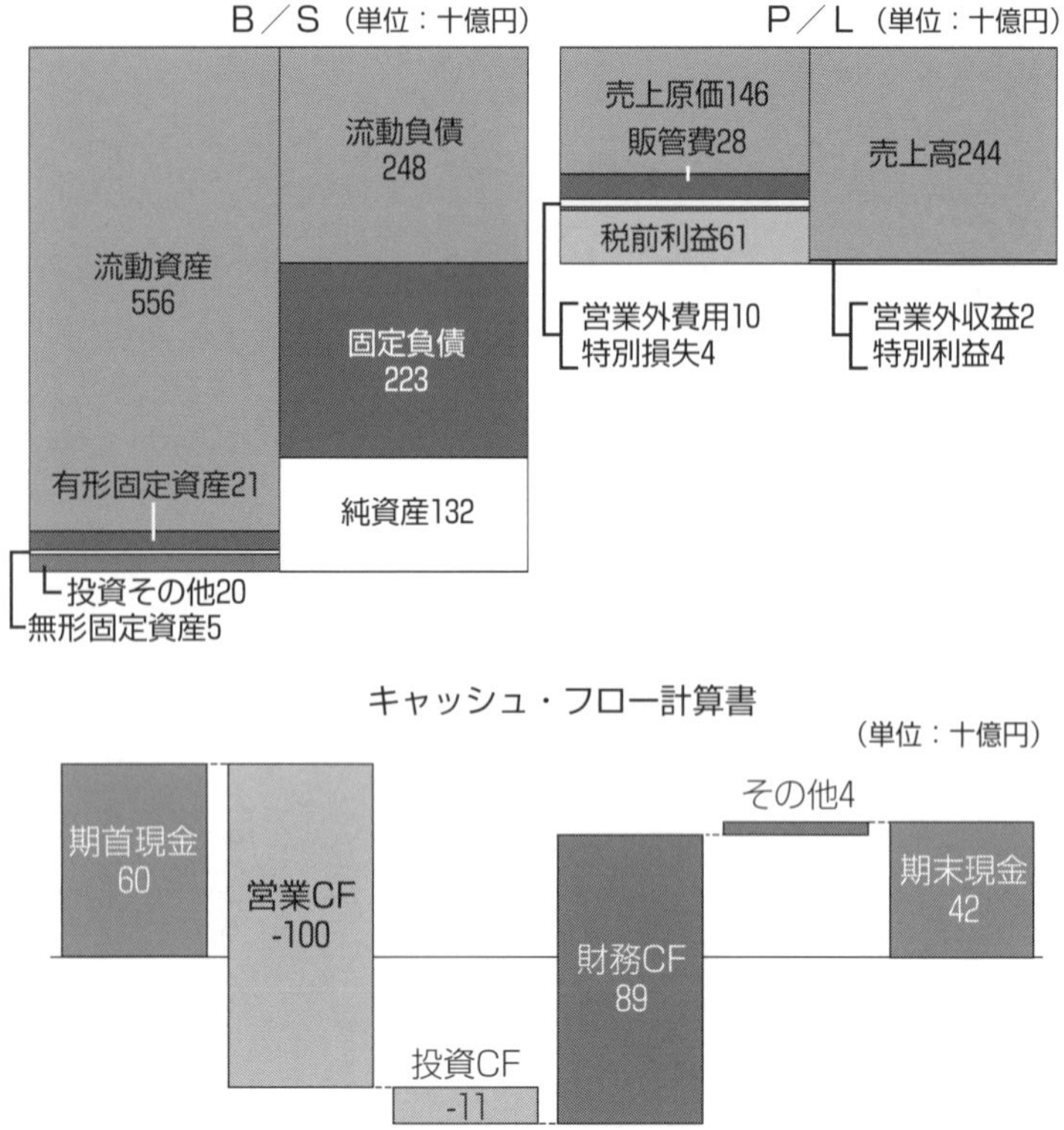

一方で、有形固定資産や無形固定資産、投資その他の資産の金額は少ないことから、アーバンコーポレイションの資産に関しては流動資産の中身に着目したほうがよさそうです。

B／Sの右側を見ると、純資産の割合が21・9％となっていますから、資金調達における負債への依存度が高いことがわかります。

次に、P／Lを見てみると、売上高2440億円に対して、税金等調整前当期純利益を610億円確保できています。P／Lだけを見れば、利益率も高く、経営状態に大きな問題はなさそうです。

キャッシュ・フロー計算書から黒字倒産を察知する

しかし、**キャッシュ・フロー計算書では、P／Lとは違う姿が見えてきます。**

まず、本業でキャッシュを稼げているかを見る営業活動によるキャッシュ・フロー（営業CF）は1000億円という大きなマイナスになっており、それを財務活動によるキャッシュ・フロー（財務CF）によって穴埋めしている状況が浮かび上がってきます。

このような状態にある場合、**なぜ営業CFが大きなマイナスになっているのかを確認しなければなりません。**そこで、図表2－13のキャッシュ・フロー計算書本体を改めて見てみると、営業CFが大きなマイナスになっている原因は、**棚卸資産の大幅な増加**にあることがわかります。**販売用不動産を仕入れるために、1380億円のキャッシュ・アウト（資金の流出）が生じているのです。**さらに、B／Sの左側、流動資産の中身を見てみると、4380億円もの棚卸資産が積み上がっていることも読み取れます。**不動産業の場合、販売用不動産が棚卸資産**ですから、その金額が大きくなる傾向にあることは確かです。

とはいえ、アーバンコーポレイションの場合、**約2年分の売上高に相当する棚卸資産が**

計上されています。これはさすがに異常な水準にあると言えるでしょう。こうした販売用不動産の仕入に必要な資金を、アーバンコーポレイションは新たな借入や社債発行によってカバーしていましたが、この決算期の約4ヶ月後、新たな資金調達に行き詰まったことで、経営破綻することになります。

経営破綻の直接的な理由は資金調達の不調ですが、そもそも資金繰りが苦しくなった原因は、不動産販売の不振とそれに伴う棚卸資産の大幅な膨張です。

ところで、なぜP／L（損益計算書）とキャッシュ・フロー計算書から見えてくる姿が、ここまで異なるのでしょうか。そのポイントは、**売上原価がどのように計算されるのか**にあります。このケースの場合、仕入れた販売用不動産が費用として売上原価に計上されるのは、それが販売されたタイミングになります。つまり、**仕入れはしたものの販売されていない不動産については、P／L上の費用にはなりません**。

一方、キャッシュの視点で見れば、販売用不動産を仕入れ、支払いが発生した段階でキャッシュ・アウトが起こるため、キャッシュ・フロー上ではその時点でマイナスになります。したがって、P／L上は黒字であるにもかかわらず、資金繰りに行き詰まる、いわゆる**黒字倒産**が起こるわけです。

こうした状況を財務諸表から見抜くためには、B／S、P／Lだけではなく、キャッシュ・フロー計算書にも目を光らせておくことが必須です。

比例縮尺図と現場の状況を組み合わせて課題をあぶり出す

この章で最後に取り上げるのは、東京ディズニーリゾートを運営する**オリエンタルランド**です。

オリエンタルランドの財務諸表から、どのようなビジネスの姿が見えてくるのか、オリエンタルランドが抱える経営課題は何か、といった点に留意しながら財務諸表を分析していきます。

オリエンタルランドのケース

オリエンタルランドの要約財務諸表を図表２－15に、その比例縮尺図を図表２－16に掲載しています。

それでは、財務諸表をB／Sから見ていきます。まず、B／Sの左側で最も金額が大きいのは有形固定資産です。東京ディズニーランドやディズニーシーの土地、建物などが計上されています。

この有形固定資産が資産に占める割合は、これまで見てきた企業のなかでは、新日鐵住金に近い水準です。そういった意味では、**テーマパーク事業は設備型産業**だと言えます。

B／Sの右側を見てみると、純資産の割合の大きさが目につきます。これまで上げてきた利益を内部留保したものが、多額の利益剰余金となって積み上がっています。負債に対する依存度も低く、安全性の高い会社だと思われます。

P／L

科目	金額（十億円）
売上高	465
売上原価	294
売上総利益	**171**
販売費及び一般管理費	**64**
給料・手当	14
業務委託費	8
その他	43
営業利益	**107**
営業外収益	3
営業外費用	1
経常利益	**109**
特別利益	0
特別損失	0
税金等調整前当期純利益	**109**
法人税、住民税及び事業税	35
法人税等調整額	1
当期純利益	**74**
親会社株主に帰属する当期純利益	**74**

続いて、P／Lを見てみると、売上高4650億円に対して、売上原価が2940億円計上されています。テーマパークにおける売上原価と聞くと、ちょっと想像しにくいかもしれませんが、ここにはグッズなどの商品の原価、レストランの材料費や人件費、パーク内の人件費や経費、販促活動費などが含まれています。

一方で販管費は本社の人件費などが中心で、比較的低くなっています。

結果として、税前利益（税金等調整前当期

◉図表2-15　オリエンタルランドの要約連結財務諸表(2016年3月期)

B／S

科目	金額(十億円)	科目	金額(十億円)
(資産の部)		(負債の部)	
流動資産	**294**	流動負債	**119**
現預金	209	支払手形・買掛金	19
受取手形・売掛金	26	1年内返済予定の長期借入金	4
有価証券	33	未払法人税等	21
棚卸資産	17	その他	75
その他	9		
固定資産	**517**	固定負債	**66**
有形固定資産	**439**	社債	50
建物・構築物	275	長期借入金	3
機械装置・運搬具	31	その他	13
土地	110	負債合計	**185**
その他	23	(純資産の部)	
		資本金	63
無形固定資産	11	資本剰余金	112
		利益剰余金	481
投資その他の資産	**67**	自己株式	-47
投資有価証券	55	その他の包括利益累計額	16
その他	11	純資産合計	**625**
資産合計	**810**	負債純資産合計	**810**

◉図表2-16　オリエンタルランドの連結B／S、P／Lの比例縮尺図(2016年3月期)

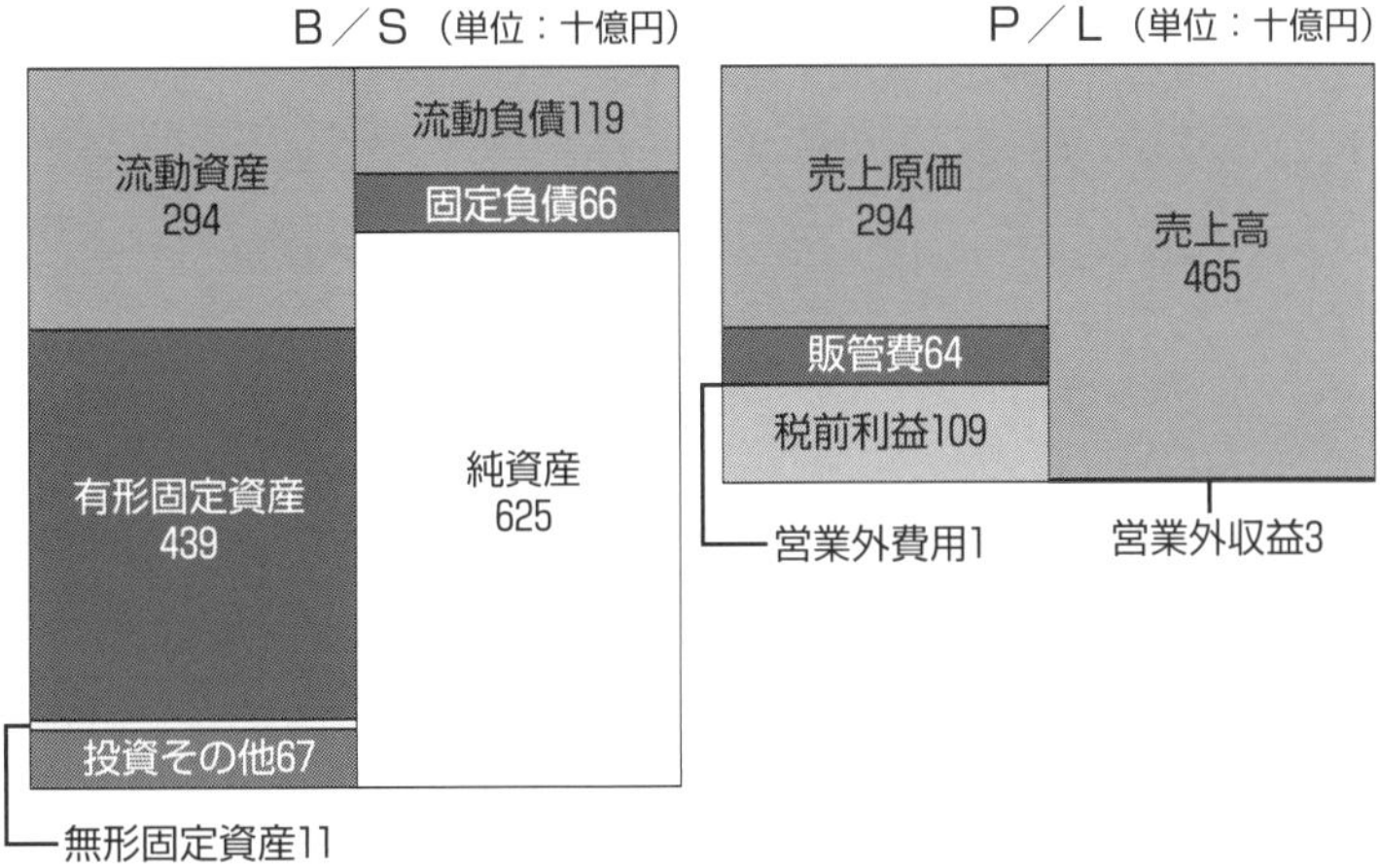

純利益）は1090億円となっており、売上高に対して23・4％と、高い利益を上げることに成功しています。

さて、ここまでの分析からオリエンタルランドの経営課題は何だと思われますか？会社としての安全性は高く、高い利益を上げていますから、一見すると大きな課題はないように思われるかもしれません。

テーマパーク事業は、これまでに取り上げたクックパッドと同様、固定費型のビジネスです。したがって、ある一定ラインの売上高を超えると利益が大きく伸びていきます。その結果が売上高の4分の1に近い利益なのです。

経営課題は数字と現場の状況をつなげて見つける

ここで財務諸表から一旦離れて、実際に東京ディズニーリゾートへ遊びに行ったときのことを思い出していただきたいと思います。土日や、GW、夏休みなどの混雑時期では特に、人気のアトラクションに乗るのに、相当の時間並ばなくてはならなかった経験はないでしょうか。

オリエンタルランドは確かに高い利益を上げることができているのですが、その一方で、実際にパークに行ってみたときの経験も踏まえて考えると、**パーク内が混みすぎて、顧客満足度が低下している可能性がありそう**です。言ってみれば、**オリエンタルランドは利益が「出すぎている」状態**なのです。

近年、オリエンタルランドがパークのチケット料金の値上げを行なうとともに、パーク内への大型投資計画を発表している背景には、こうした危機感があるものと考えられます。多くのゲスト（入園者）が来場しても高い水準の顧客満足度を維持しつつ、さらに高めていくことができなければ、ゲストはパークから離れていってしまうでしょう。テーマパーク事業は固定費型ビジネスですから、売上が低下すると利益も大きく減少してしまいます。

重要なので繰り返しますが、財務諸表を分析するときには、単にB／S、P／Lを見るだけに終止するのではなく、実際のビジネスの現場で何が起こっているのかを考えることがとても重要です。そうすれば、単に「儲かっている」「儲かっていない」というレベルから一歩進んだ分析ができるようになります。

コンサル File2

連結会計と「連結外し」

本書でここまで取り上げてきた財務諸表は、すべて**連結財務諸表**と呼ばれるものです。これは、親会社だけではなく、子会社や関連会社などのグループ会社（関係会社）を含めた財務諸表になっています。

連結財務諸表では、親会社と子会社間での取引など、グループ会社間の取引は相殺処理がなされるため、あたかも企業グループを1つの会社であるかのように見なして分析をすることができます。

親会社のみの単独の財務諸表も公表されていますが、**現在、財務諸表を分析するときには、この連結財務諸表を中心に行なうことが多い**でしょう。これは、企業がグローバル化・多角化を推し進めている現在では、連結財務諸表のほうが企業グループ全体の状況を見るのに適しているからです。

現在、どの会社を子会社として連結財務諸表に含めるべきかについては、その会社を実質的に支配しているかどうか、という基準（**支配力基準**）に基づいて判断されていますが、2000年3月期以前は、その会社の株式を何％持っているか、という基準（**持株比率基

準）で判断されていました。

この連結会計制度が、持株比率基準から支配力基準に改正されようかというとき、私が勤務していた経営コンサルティング会社には、グループ会社を含めた事業再構築（いわゆる**グループリストラ**）の案件が数多く持ち込まれていました。

いまでも強く印象に残っているのは、私が当時参画していたグループリストラプロジェクトのクライアント企業の経営者がポロッと漏らした、「新しい連結基準（支配力基準）が導入されたら、わが社の損益計算書は間違いなく赤字になります」という一言です。このクライアント企業は、多くのグループ会社を抱えている大企業だったのですが、そのなかには多くの赤字会社も存在していました。

じつは、持株比率基準の下では、企業はこうした赤字子会社の持株比率を意図的に引き下げることで、連結の対象から外すことができたのです。このような手法を、通称「**連結外し**」と呼びますが、当時の日本企業の多くは、こうした連結外しを行なっていました。

これでは、連結財務諸表が企業グループの本当の実力を表すものになりません。そのため、その会社に対する実質的な支配力を持っているかどうかで連結の対象にするかどうかを判断する、「支配力基準」が導入されることになりました。これが、先ほどの経営者の発言につながっていたわけです。

日本企業のM&Aに関するデータをひも解くと、１９９０年代末にかけて、事業売却の件数が大幅に増加しています。これらの事業の多くは、こうした**グループリストラ**の一環として売却されたものではないかと推測できます。

先ほどのクライアント企業も、再建策を講じても残念ながら黒字化の見込みが立たない赤字グループ会社を売却する、という意思決定を下しました。痛みを伴う経営改革を行なわざるをえなかったわけですが、その結果、スリムな企業体質に生まれ変わることができたのも事実なのです。

第3章

課題を発見する会計思考力

──指標を使って現状と課題をあぶり出す

この章で身につける「武器」

☑財務指標分析のメリットと注意点
☑財務指標分析の４つの視点
☑各種財務指標の活用方法
☑財務指標を使って経営課題の仮説を立てる方法

財務指標の分析はなぜ有用なのか？

比例縮尺図のメリットと弱点

前章までで説明してきた財務諸表を比例縮尺図に置き換える方法は、一見とっつきにくい財務諸表を可視化（視覚化）するものなので、これを活用すれば、様々な情報が読み取りやすくなります。

しかし、比例縮尺図にも弱点があります。それは、複数年度の財務諸表を分析する場合に、手間がかかりすぎることです。

例えば、10年分の財務諸表を比例縮尺図で分析しようとすると、B／SとP／Lだけでも20の、キャッシュ・フロー計算書まで含めると30もの比例縮尺図をつくらなければなりません。エクセルなどの表計算ソフトを使えば、作成の手間はある程度軽減されますが、それでもあまり現実的なやり方とは言えません。

財務指標分析のメリットと注意点

そのようなときに有用なのが、様々な**財務指標**を使って分析を行なう手法です。

これは、財務諸表の様々な数値を使って、**安全性**、**効率性**、**収益性**、**成長性**などを表す指標を計算し、その指標を用いてその会社の状況を把握しようとするものです。ここで計算した指標は時系列に沿って表やグラフにまとめることができるので、時系列で遡って複数年度の財務諸表を分析するときに大変便利です。

ただし、財務指標を使って分析を行なうときに注意すべき点が2つあります。

1つ目の注意点は、指標を鵜呑みにしてしまい、肝心な財務諸表そのものに目が行かなくなってしまう危険性があることです。経営分析に慣れていないビジネスパーソンや大学生のほとんどは、財務指標の計算結果を短絡的に解釈してしまい、その会社で実際に起こっていることまで目が向きません。

しかし、第1章および第2章でも説明したように、財務諸表には実際のビジネスで起こっていることが現れています。したがって、財務諸表から計算された財務指標も、実際のビジネスと結びついているはずなのです。

ですから、読者の皆さんも、**財務指標分析を行なうときには、「財務指標→財務諸表→実際のビジネス」というつながりを常に意識してください。**

具体的には、財務指標を計算した後、その指標のもとの財務諸表がどのような姿になっているのかを想像しながら分析を進めてください。これを繰り返して慣れてくれば、財務指標の計算結果から、その会社の比例縮尺図がどのような形になっているのかをイメージできるようになるはずです。そうすれば、現実のビジネスがどうなっているのかも見えてきます。

もう1つの注意点は、**財務指標の公式を丸暗記しようとしない**ことです。

財務指標の計算自体は、エクセルを使えば比較的簡単にできますから、公式自体を丸暗記することには何の意味もありません。むしろ、なぜそのような式で財務指標を計算するのか、その理由を理解することが大切です。こうした理解は、1つ目の注意点で説明したような、財務指標と財務諸表とのつながりを意識する手助けになります。

また、これから本章で取り上げていく財務指標には、非常によく似た形の指標がたくさんあります。こうした似た形の指標同士をセットで見ていくと、財務指標の持つ意味がより理解しやすくなります。

様々な財務指標の分析から経営課題の仮説を立てる

財務指標を使って分析するときには、大きく分けて、**安全性、効率性、収益性、成長性**の4つの視点で見ていきます。

そのとき、次のような論点を意識しながら、経営の現状や課題に関する仮説を立てていくことが重要です。

安全性：倒産の可能性はありそうか？
　負債に対する支払い能力に問題はないか？
効率性：効率的な経営ができているか？
　投入した経営資源が有効に活用されているか？
収益性：十分な経営成果（＝利益）を上げることができているか？
成長性：高い成長力を持っているか？
　今後に向けた成長余力はありそうか？

◉図表3-1　流動比率と当座比率

$$流動比率 = \frac{流動資産}{流動負債} \times 100\ (\%)$$

$$当座比率 = \frac{当座資産}{流動負債} \times 100\ (\%)$$

ここでは、財務指標分析を行なうにあたって最低限押さえておきたい指標に絞って説明していきます。また、あまり指標の厳密性にこだわりすぎると計算式が複雑になってしまうので、本質を外さない範囲内でなるべく単純な計算方法を使います。

安全性分析の指標

会社の倒産の可能性を分析しようというのが安全性の分析です。安全性を分析するときのポイントは、大きく次の3つに分けられます。

① 短期のうちに支払わなければならない負債（流動負債）に対して、十分な支払い能力を持っているか?

② 長期にわたって使用する資産（固定資産）に対して、どのような形で調達した資金（資本）を投資しているか?

③ 安定的な形で資金調達を行なうことができているか?

◉図表3-2　流動比率とB／Sの関係

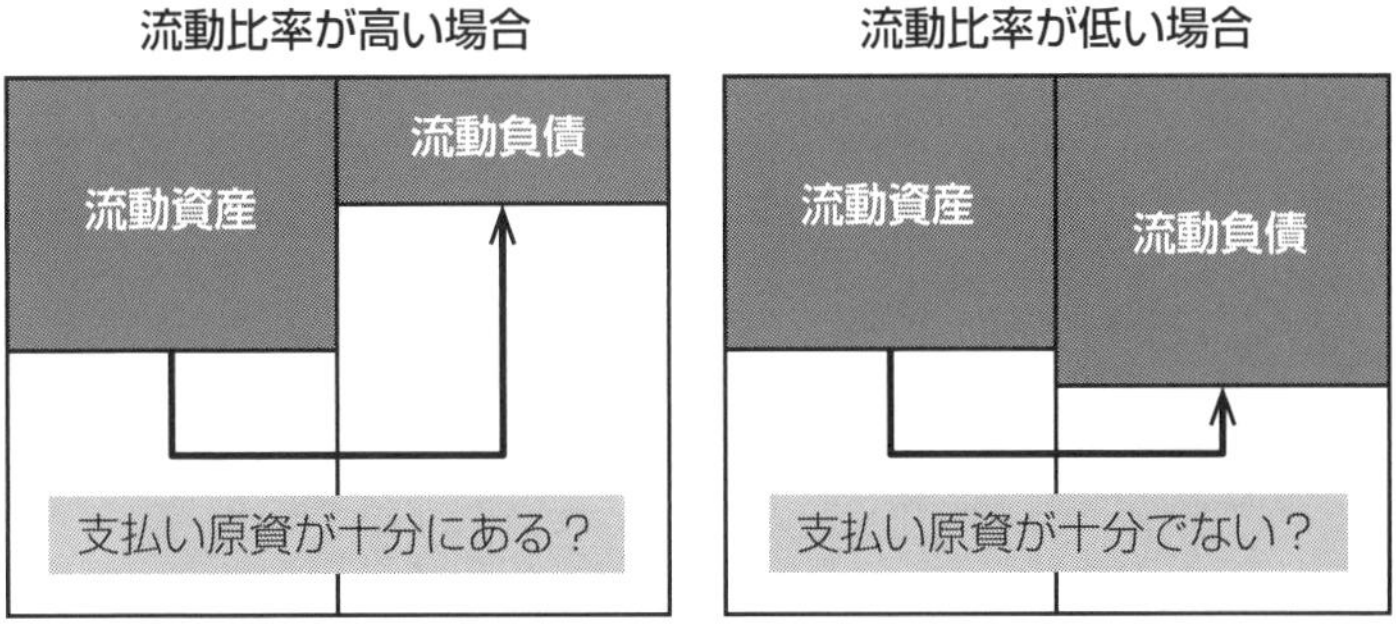

ではまず、流動負債に対する支払い能力を分析する指標として、**流動比率**と**当座比率**という2つの指標を取り上げます。これら2つの指標はよく似た形の財務指標ですから、セットで理解したほうがよいでしょう。

流動比率は、図表3－1の上側に示したように、流動資産を流動負債で割った指標です。

流動資産は短期間のうちに現金化される資産、流動負債は短期間のうちに支払いをしなければならない負債ですから、短期間のうちに支払わなければならない負債に対して、その原資がどれだけあるのかを示す指標になります。

この**流動比率の数値が高いほど安全性が高い**と判断することができます。

ここで、流動比率の高い会社のB／Sの比例縮尺図を想像してみてください。図表3－2の左側に示したように、流動比率が100％を超える会社では、B／Sの左上の流動資産のほうが、右上の流動負債よりも大きくなっているはずです。

逆に、流動比率が100％を切っているような会社の場合、図表3－2の右側のように、流動負債のほうが流動資産より大きくなります。流動比率の計算結果を見たらすぐに、このような比例縮尺図が頭に浮かぶようにしてください。

流動資産は短期間のうちに現金化できる資産だと第1章で説明しましたが、じつは流動資産のなかには短期間で現金化できない資産が含まれていることもあります。例えば、棚卸資産（在庫）のなかに販売が困難な「死に筋商品」がある場合などですが、その場合には流動比率がその会社の短期的な支払い能力を適切に表していないことになります。

そこで、流動比率と並んで使われる指標が、98ページの図表3－1の下側に示した当座比率です。当座比率は、流動資産のなかから、より現金化しやすい資産（**当座資産**）を抜き出し、それと流動負債のバランスを見るための指標です。1つの目安としては、**当座比率が100％以上であれば、十分な支払い能力がある**と判断することができます。

当座資産は財務諸表のなかには出てきませんから、自分自身の手で計算する必要があります。通常のB／Sであれば、棚卸資産よりも上に記載されている、**現預金、受取手形・売掛金、有価証券などが当座資産**になります。

次に、固定資産が、どのような資本によってカバーされているのかを分析する指標を見ていきましょう。ここでも、似た形の指標である**固定比率**と**固定長期適合率**をセットで取り上げます。

図表3－3の上側が固定比率、下側が固定長期適合率で、どちらも分子は固定資産にな

◉図表3-3　固定比率と固定長期適合率

$$固定比率 = \frac{固定資産}{純資産} \times 100\ (\%)$$

$$固定長期適合率 = \frac{固定資産}{(純資産＋固定負債)} \times 100\ (\%)$$

◉図表3-4　固定比率とＢ／Ｓの関係

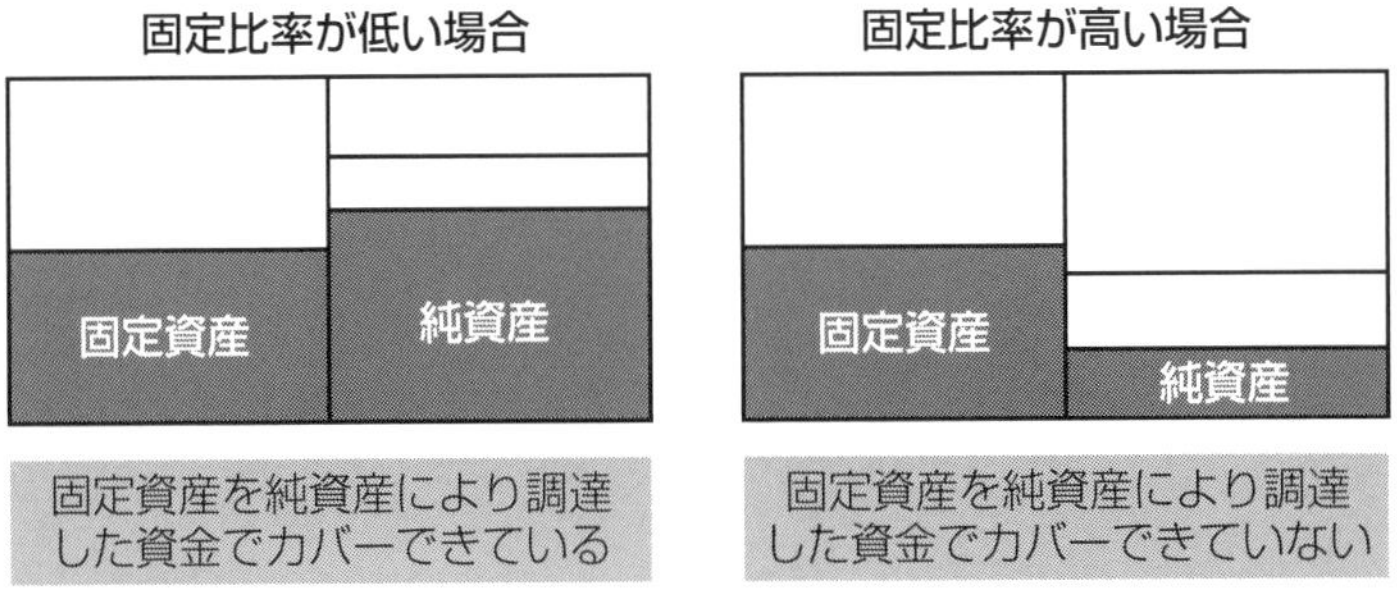
固定比率が低い場合
固定資産
純資産
固定資産を純資産により調達した資金でカバーできている
固定比率が高い場合
固定資産
純資産
固定資産を純資産により調達した資金でカバーできていない

っています。分母については、固定比率では純資産、固定長期適合率では純資産と固定負債の合計になっています。

固定資産は、将来の利益やキャッシュ・フローを生み出すために長期間にわたって使用される資産です。

このような資産を取得するときには、短期間での支払いが求められる流動負債で調達した資金ではなく、長期にわたって使用できる株主からの資本や長期借入金などで調達した資金を使うほうが望ましいため、こうした指標が使われています。

この**固定比率と固定長期適合率の数値は低いほど安全性が高い**ということになります。

固定比率が低く、１００％を下回って

◉図表3-5　自己資本比率

$$自己資本比率 = \frac{純資産}{総資産} \times 100（\%）$$

いる場合、前ページの図表３－４の左側に示したように、Ｂ／Ｓにおいては純資産が固定資産を上回っている状態になっています。つまり、純資産により調達した資金で固定資産をカバーできています。純資産は基本的に返済の必要がありませんから、安全性の面では望ましい状態です。

逆に、固定比率が１００％を超えているような場合には、図表３－４の右側に示したように、固定資産のほうが純資産より大きいため、負債で調達した資金を固定資産の取得に充てなければなりませんから、その分だけ安全性は低いと判断することができます。

安全性分析の最後の指標として、**自己資本比率**を取り上げます。図表３－５がその計算式になりますが、分子には純資産、分母には総資産（資産合計）が入っています。なお、厳密には自己資本と純資産は違うものですが、ここでは指標を単純化するために純資産を分子に入れています。また、「純資産比率」という呼び方もありますが、本書では一般的な「自己資本比率」という名称を使っています。

自己資本比率は、その会社が調達した全資金のうち、返済しなくてもよい純資産による調達資金が何％を占めているのかを見るための指標です。この**自己資本比率の数値が高いほど、その会社の安全性は高い**と判断できます。

◉図表3-6　総資産回転率と有形固定資産回転率

$$総資産回転率 = \frac{売上高}{総資産} \quad (回)$$

$$有形固定資産回転率 = \frac{売上高}{有形固定資産} \quad (回)$$

効率性分析の指標

投入した経営資源が有効に活用されているかどうかを見る効率性分析で使われる代表的な指標は、図表3－6に示すような、**総資産回転率**、**有形固定資産回転率**といった回転率指標です。

これらの指標では、会社が投資して得た資産を有効に活用して売上高を生み出しているかどうかを判断します。総資産回転率では会社全体の資産が、有形固定資産回転率では特に工場や店舗などの有形固定資産が、有効に活用されているかどうかを分析することになります。

また、受取手形・売掛金といった売上債権や、棚卸資産、支払手形・買掛金といった仕入債務の効率性を見る場合、回転率指標でも分析できますが、より一般的に使われるのは、次ページの図表3－7に示したような**回転期間指標**です。これは、売上高の何ヶ月分の売上債権や棚卸資産、仕入債務を抱えているのかを見るための指標です。言い換えれば、売上債権回転期間は売上債権の回収までにかかる期間を、棚卸資産回転期間は在庫が売れるまでの期間を、仕入債務回転期間は在庫を仕入れてから仕入代金の支払いを行なうまでの期間を示していま

◉図表3-7　回転期間指標

$$売上債権回転期間 = \frac{受取手形・売掛金}{(売上高 \div 12)}（ヶ月）$$

$$棚卸資産回転期間 = \frac{棚卸資産}{(売上高 \div 12)}（ヶ月）$$

$$仕入債務回転期間 = \frac{支払手形・買掛金}{(売上高 \div 12)}（ヶ月）$$

す。

したがって、図表３－７の上２つに示した**売上債権回転期間や棚卸資産回転期間は短いほど効率性が高い**ということになります。ただし、棚卸資産に関しては少なすぎると欠品が発生するおそれが高まりますので、**棚卸資産回転期間は欠品が生じない程度に短いほうがよい**ということになります。

逆に、**仕入債務回転期間は、長いほど自社にとってはキャッシュ・フロー上有利**にはなりますが、仕入債務の支払いまでの期間を短縮すると、取引先にとっては逆に売上債権回転期間の短縮につながりますので、仕入債務の支払いまでの期間短縮を仕入価格の値下げ交渉の材料とすることができる場合もあります。

ここで、図表３－７に示した各指標では、各資産の平均的な回収期間を月数で表すために、それぞれの対象資産を平均月商（＝１年間の売上高÷12）で割り、単位を「ヶ月」としていますが、対象資産を平均日商（＝１年間の売上高÷３６５）で割れば、単位が「日」となり、各資産の平均的な回収期間を日数で表せます。

また、ここで取り上げた効率性分析の指標は、主に資産を有効に活用できているかどうかを測るものですが、特に小売業やサービス業など、ヒトが重要な経営資源になっている場合には、従業員一人当たりの売上高などの指標を使うこともあります。

収益性分析の指標

収益性分析では、会社経営の主たる結果である利益について分析をしていきます。収益性を分析するのに必要な視点としては、大きく次の2点が挙げられます。

①売上が利益に結びついているか？

②会社が集めた資本（あるいはそれを投資して得た資産）を有効に活用して利益を生み出すことができているか？

①の視点で使われる指標は**売上高利益率**です。売上高利益率は、次ページの図表3－8に示すように、利益を売上高で割って計算されます。分子には、その分析の目的によって、売上総利益、営業利益、経常利益など様々な利益が入ります。

◉図表3-8　売上高利益率

$$\text{売上高利益率} = \frac{\text{利益}}{\text{売上高}} \times 100\ (\%)$$

◉図表3-9　ROAとROE

$$\text{ROA（総資産利益率）} = \frac{\text{利益}}{\text{総資産}} \times 100\ (\%)$$

$$\text{ROE（自己資本利益率）} = \frac{\text{当期純利益}^{*}}{\text{純資産}} \times 100\ (\%)$$

（＊2016年3月期以降は「親会社株主に帰属する当期純利益」）

売上高利益率を分析するときには、P／L（損益計算書）の構造を踏まえる必要があります。例えば、売上高営業利益率を分析する場合、「営業利益＝売上高－売上原価－販管費」ですから、何が売上高営業利益率に影響を与えた要因なのか、売上高、売上原価、販管費の増減に切り分けて分析していくことが重要です。

②の視点で使われる代表的な指標には、**総資産利益率（ROA）と自己資本利益率（ROE）**があり、それぞれの計算式は図表3－9のように表されます。ここでも、指標を単純化するために、あえてROEの分母には自己資本ではなく純資産を入れています（より正確に計算するためには、分母に純資産から少数株主持分〈非支配株主持分〉と新株予約権を差し引いたものを入れます）。

ROAはその会社が使っている総資産を、ROEは純資産を、いかに有効活用して利益を生み出

しているのかを表す指標です。

ＲＯＡの分子には売上高利益率と同様に、分析の目的によって様々な利益を入れることができますが、ＲＯＥの分子には通常、当期純利益（２０１６年３月期以降は親会社株主に帰属する当期純利益）しか使いません。なぜなら、ＲＯＥは株主に帰属する資本（純資産）に対して株主に帰属する利益をどれだけ生み出したのかを分析する指標だからです。

なお、**上場企業では不特定多数の株主から資金調達を行なっているために、株主の視点を経営に織り込むためにもＲＯＥはとても重要な指標**ですが、オーナーが株式１００％を保有しているような**中小企業の場合、ＲＯＥよりもＲＯＡを重視したほうがよい**でしょう。

ところで、ＲＯＡ、ＲＯＥには、それぞれの指標を複数の指標に分解して分析する方法があります。次ページの図表３－10と図表３－11に示すように、**ＲＯＡは総資産回転率と売上高利益率の掛け算に、ＲＯＥは総資産回転率、売上高当期純利益率および財務レバレッジの掛け算に分解することができます。**

ＲＯＡ、ＲＯＥを分析するときには、例えば、総資産回転率が減少したためにＲＯＥが減少したといったように、どの要因がＲＯＡ、ＲＯＥに影響を与えたのかを見ることで、より詳しい分析を行なうことができます。

ここで、財務レバレッジという指標は、１０２ページの図表３－５に示した自己資本比率の逆数（分数の分母と分子を入れ替えたもの）になっています。そのため、**負債を増や**

◉図表3-10　ROAの分解式

$$\mathrm{ROA} = \frac{\text{利益}}{\text{総資産}} = \frac{\text{売上高}}{\text{総資産}} \times \frac{\text{利益}}{\text{売上高}}$$

総資産回転率（$\frac{\text{売上高}}{\text{総資産}}$）　売上高利益率（$\frac{\text{利益}}{\text{売上高}}$）

◉図表3-11　ROEの分解式

ROA（$\frac{\text{当期純利益}}{\text{総資産}}$）　財務レバレッジ（$\frac{\text{総資産}}{\text{純資産}}$）

$$\mathrm{ROE} = \frac{\text{当期純利益}}{\text{純資産}} = \frac{\text{当期純利益}}{\text{総資産}} \times \frac{\text{総資産}}{\text{純資産}}$$

$$= \frac{\text{売上高}}{\text{総資産}} \times \frac{\text{当期純利益}}{\text{売上高}} \times \frac{\text{総資産}}{\text{純資産}}$$

総資産回転率（$\frac{\text{売上高}}{\text{総資産}}$）　売上高当期純利益率（$\frac{\text{当期純利益}}{\text{売上高}}$）

すなどして自己資本比率を引き下げると、財務レバレッジが高まるため、ROEは増加しますが、安全性は低下します。この点についても注意が必要です。

成長性分析の指標

最後に、成長性を分析する指標について見ていきましょう。

成長性分析を行なう主な目的は、その会社の将来的な成長性を検討することなのですが、時々、講義や研修に参加したビジネスパーソンから、「将来の成長性を予測するのに過去のトレンドを見ても意味がないのでは？」という質問を受けることがあります。

もちろん、こうした意見にも一理ある

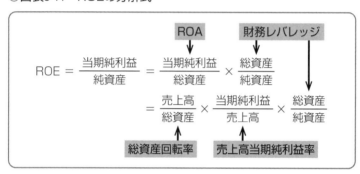

◉図表3-12　売上高対前年比成長率

$$売上高対前年比成長率 = \frac{当年度売上高}{前年度売上高} \times 100（\%）$$

のですが、過去の成長の過程とその要因を分析することで、将来の成長性を予見するための材料が得られることがあります。したがって、私自身としては過去の成長性を分析することにも意味が十分あると考えています。

成長性を分析するときによく用いられる代表的な指標は、対前年比成長率です。これは、売上高や利益、資産の金額を前年と比較することで、成長性を測定しようとするものです。図表3－12には、売上高対前年比成長率の計算式を示しています。

このほか、図表3－12の分母の前年度売上高を、例えば当期よりも10年度前の売上高で固定しておき、分子にその後の各年度売上高を入れて、売上高などの推移を見る**趨勢分析**も、よく行なわれる分析手法の1つです。

ケース・スタディ

武田薬品工業とアステラス製薬の現状と課題をあぶり出す

それでは、財務指標を使った分析のケース・スタディとして、**武田薬品工業とアステラス製薬**を取り上げます。

ご存知のとおり、どちらも日本を代表する製薬会社ですが、国内でのポジションでは武田薬品工業が上回り、２００５年に山之内製薬と藤沢薬品工業が合併して誕生したアステラス製薬は、国内２位のポジションでした。

また、武田薬品工業は２００８年ごろまでは大変な高収益体質を誇り、無借金経営の代名詞的な企業でした。ところが、２０１３年３月期決算においてアステラス製薬の営業利益が武田薬品工業をいったん上回っただけではなく、２０１５年３月期には武田薬品工業の最終利益が創業以来の赤字へと転落してしまいます。この間、武田薬品工業にいったい何が起こったのでしょうか。そして、製薬会社が抱えている経営課題とは何でしょうか。

こうした点に着目しながら、両社の財務指標分析をしていきます。

なお、両社とも２０１４年３月期より、適用する会計基準を日本基準から国際会計基準

◉図表3-13　安全性指標の推移(1)

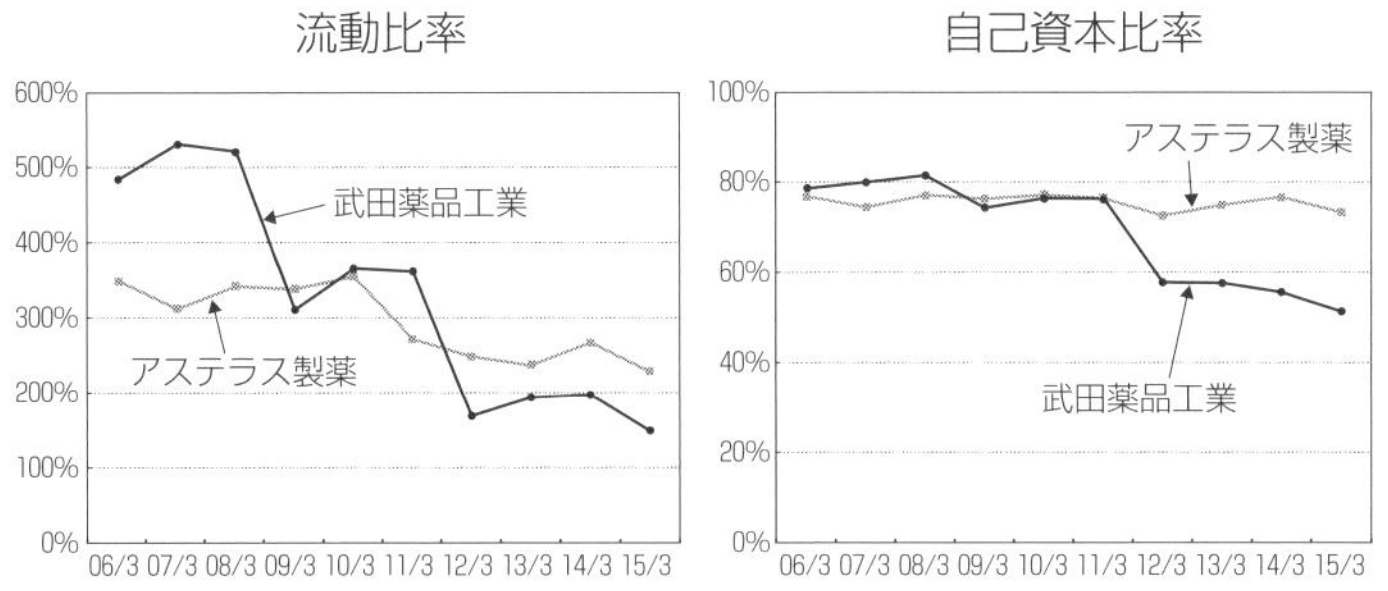

（ＩＦＲＳ）に変更しているため、その前後での厳密な比較はできませんが、このケース・スタディでは厳密性には目をつぶって、なるべく会計基準変更の前後においても整合性をとりやすい指標を中心に見ていきます。

また、両社ともＩＦＲＳを適用した財務諸表は２０１３年３月期から入手可能ですので、２０１２年３月期以前は日本基準を適用した財務諸表に基づき、２０１３年３月期以降はＩＦＲＳを適用した財務諸表に基づき財務指標を算出しています。

安全性を分析する

それでは、まず安全性の指標から見ていきます。

図表３－13は、両社の流動比率と自己資本比率の指標の推移をまとめたものです。

このグラフでは、２００８年３月期以前の武田薬品工業の流動比率の高さが目立ちます。**流動比率における安全性の目**

安は２００%とも言われていますから、アステラス製薬も決して低くはないのですが、武田薬品工業の水準は際立っています。

ところが、２００８年３月期以降、武田薬品工業の流動比率は低下していきます。特に、２００９年３月期と２０１２年３月期に大きく減少しています。何らかの理由で流動資産が減少したか、あるいは流動負債が増加した可能性があるわけですが、当時の武田薬品工業の財務諸表から、この時期に流動資産が減少したことが見て取れます。

特に、大きく減少したのは現預金と有価証券です。２００８年３月期の段階では、武田薬品工業は現預金と有価証券を合計すると約２兆円の手元資金を有していたのですが、２０１２年３月期の段階では約４５００億円まで減少しています。これらを踏まえると、次のような仮説を立てることができます。

仮説１：武田薬品工業は２００９年３月期と２０１２年３月期の２回にわたって何らかの投資案件に対して手元資金を投じた可能性が高い

調べてみると、武田薬品工業は、２００８年にガン領域の強化充実を目的としてアメリカのミレニアム社を、２０１１年には欧州および新興国での販売強化を狙ってスイスのナイコメッド社を買収していることがわかります。買収金額はミレニアム社が約９０００億円、ナイコメッド社が約1兆1000億円でした。これらの大型M＆Aに対して手元資金を投じたことで、武田薬品工業の流動比率は大きく低下したのです。

一方のアステラス製薬も、ガン領域強化を目的として2010年にOSIファーマシューティカルズ社を約3700億円で買収したこともあって、2011年3月期に流動比率が低下してはいますが、その下がり幅は武田薬品工業ほどではありません。

また、自己資本比率を見ても武田薬品工業の数値が2012年3月期に大きく低下しています。このことから、次の仮説を立てることができます。

仮説2：無借金経営だった武田薬品工業が借入れを行なったのは、ナイコメッド社の買収に資金が必要だったためである

実際、武田薬品工業はナイコメッド社の買収時に、有利子負債によって5000億円を超える資金調達を行なっており、この仮説2が正しいことがわかります。

次に、固定比率と固定長期適合率について図表3－14で見ていきます。武田薬品工業に関しては、やはり固定比率、固定長期適合率ともに2009年3月期と2012年3月期に大きく上昇しています。このことから、次のような仮説を立てることができます。

◉図表3-14　安全性指標の推移(2)

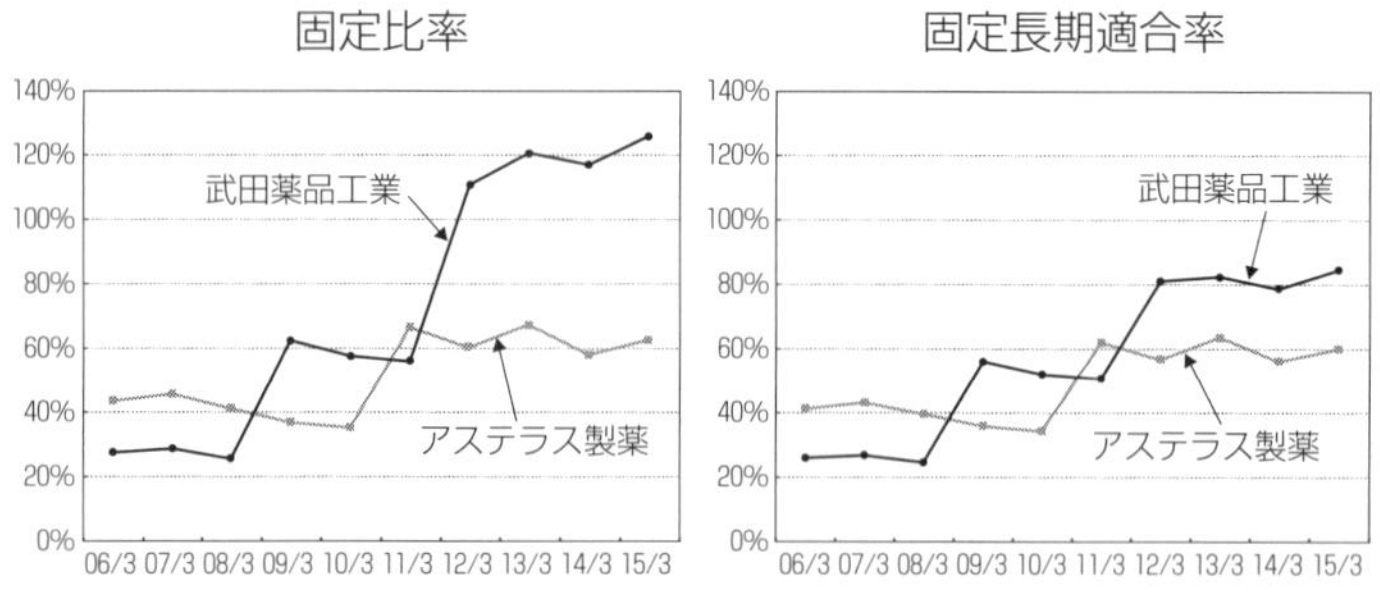

仮説3：武田薬品工業の固定比率および固定長期適合率が上昇したのは、2回の大型M&Aによる無形固定資産の増加が理由である

第1章、第2章で説明したように、M&Aを行なった企業では、のれんなどの無形固定資産が計上されることが多くなります。調べてみると、武田薬品工業でも固定比率および固定長期適合率が上昇したタイミングで無形固定資産ののれん、特許権、販売権が大きく増加しています。

前ページで述べたように、ナイコメッド社を買収するときには長期の有利子負債を含めた資金調達を行なっていますので、固定比率の上昇幅に比べて固定長期適合率の上昇幅のほうが小さくなっています。

アステラス製薬も2010年に行なった買収の影響で、2011年3月期における固定比率、固定長期適合率はともに上昇してはいるものの、その上昇幅は武田薬品工業に比べて小さくなっています。

◉図表3-15　効率性指標の推移

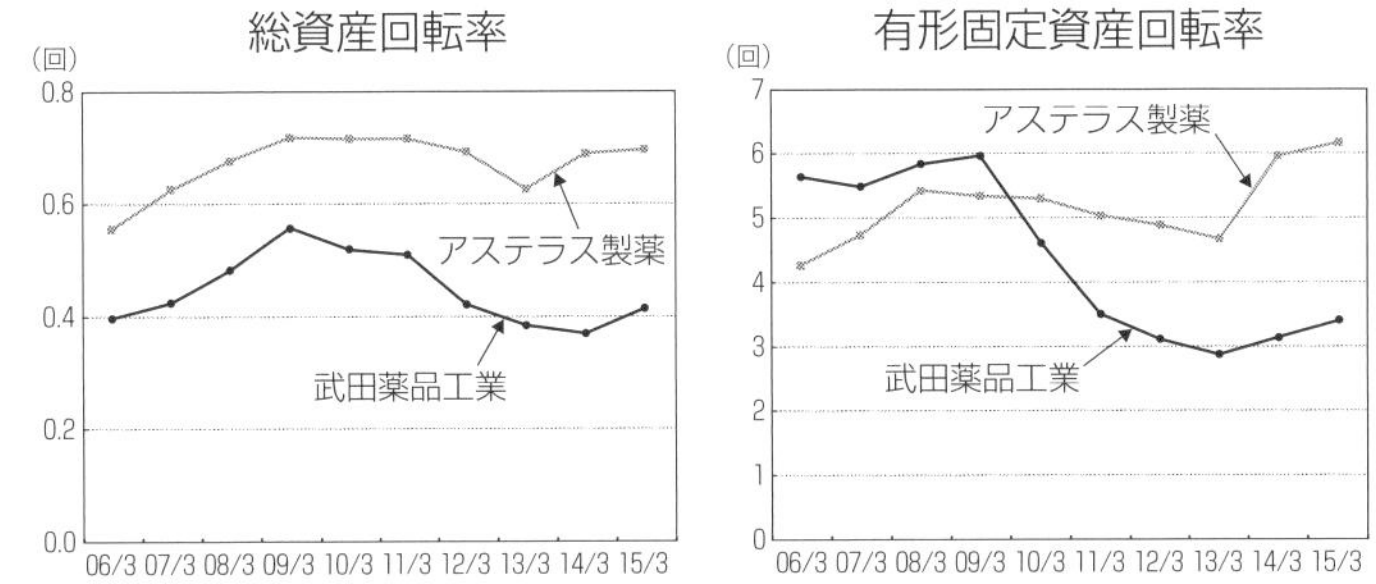

これらの分析から、無借金経営の代名詞的な企業だった武田薬品工業がその姿を大きく変えたのは、２回にわたる大型Ｍ＆Ａがその原因であったことがわかります。ただし、安全性が低下したとはいえ、決して経営的に見て危険な領域に入っているわけではありません。どちらかと言うと、過去の武田薬品工業の安全性の水準が突出して高かったと見るべきでしょう。

特に、２００８年３月期までの手元資金の状況は、株主に還元するか投資に回すかしなければ、株主から資金の活用状況について問題提起がなされる可能性があるレベルでした。武田薬品工業は、その潤沢な手元資金を大型Ｍ＆Ａに投入したわけです。

効率性を分析する

次に、効率性の指標を見ていきます。図表３－15は、武田薬品工業とアステラス製薬の総資産回転率と有形固定資産回転率の推移をグラフにまとめたものです。

まず、総資産回転率については、一貫して武田薬品工業がアステラス製薬を下回っています。武田薬品工業については、2008年3月期以前は潤沢な手元資金が、大型M&A後は巨額の無形固定資産が存在するために総資産回転率が低くなっていると推測されます。時系列で見ていくと、2009年3月期をピークに同社の総資産回転率は低下しています。

有形固定資産回転率について見てみると、製薬会社は大きな有形固定資産を抱える必要がないために、両社ともに同回転率の数値自体はかなり大きくなっているものの、武田薬品工業は2009年3月期をピークに低下傾向にあります。

この時期、武田薬品工業ではM&Aにより資産規模が拡大していることが予想されることから、次の仮説4を立てることができます。

仮説4：武田薬品工業では、2010年3月期以降、資産の増加に見合うだけの売上を上げることができていない

じつは、ここに武田薬品工業をM&Aに駆り立てた理由が隠れています。

ちょうどこの時期、武田薬品工業の業績を支えていた主力医薬品が次々と特許切れを迎えていたのです。

特許切れを迎えた医薬品にはジェネリック医薬品（後発医薬品）が登場するため、その特許切れの医薬品の売上および利益は激減するのが常です。その売上の減少が、回転率指標の低下となって表れていたわけです。

医薬品の特許の有効期間は出願日から20年ですから、武田薬品工業でも主力医薬品の特許切れに伴う売上および利益の大幅な減少は予期できていました。そうした状況のなか、武田薬品工業は大型M＆Aに踏み切ったのです。

なお、奇しくもアステラス製薬でも２０１０年ごろに主力製品が特許切れを迎えていますが、その後、米国メディベーション社と共同で開発・商業化を進めたがん治療薬が主力製品に育ったことなどにより、武田薬品工業ほど総資産回転率および有形固定資産回転率の落ち込みは見せておらず、２０１４年３月期以降は回復傾向にあります。

収益性を分析する

続いて収益性分析を行なっていきます。次ページの図表３－16は、売上高営業利益率と売上高当期純利益率の推移をグラフにまとめたものです。

武田薬品工業は２０１０年３月期ごろから収益性が低下傾向にあることがわかります。特に２０１５年３月期において同社の収益性は大きく落ち込んでいます。

◉図表3-16　収益性指標の推移(1)

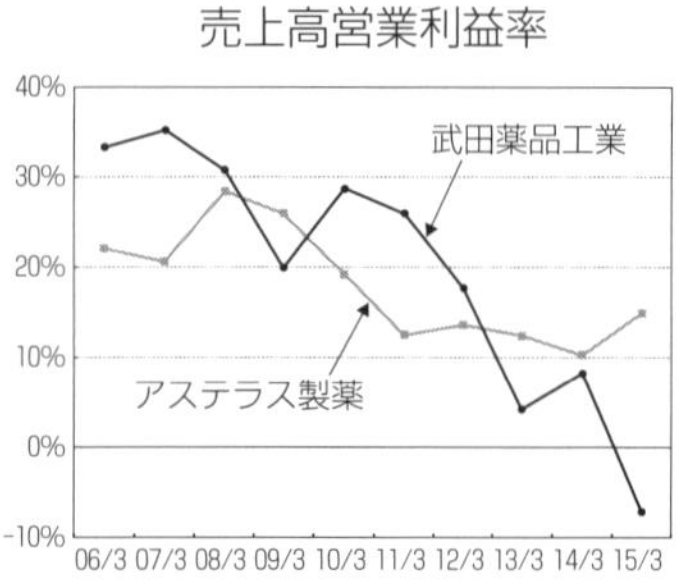

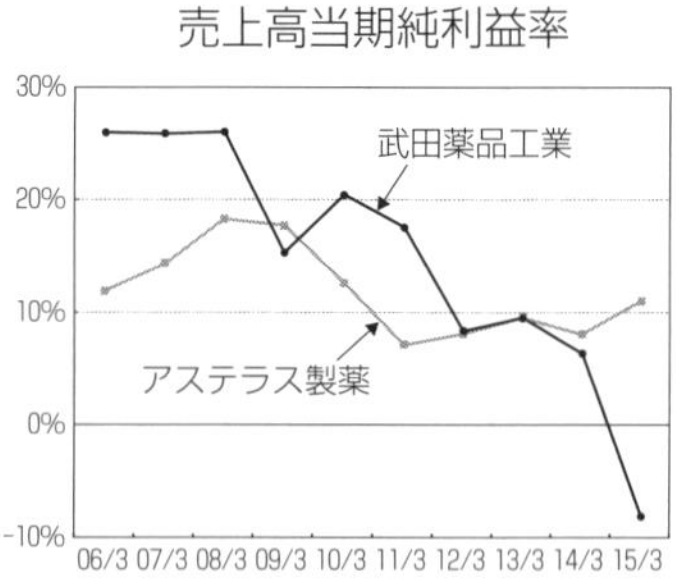

一方、アステラス製薬も2008年3月期をピークに収益性が低下しているものの、新製品が育ってきたこともあり、2011年3月期以降は下げ止まりの傾向が見られます。

したがって、この点から次のような仮説を立てることができます。

> **仮説5**：両社ともに主力医薬品の特許切れが収益性にも悪影響を及ぼしている。武田薬品工業は2015年3月期に、何らかの一時的な理由で損失を計上している可能性が高い

詳しく調べてみると、武田薬品工業の2015年3月期における利益の落ち込みは糖尿病治療薬「アクトス」の副作用をめぐり米国で起こされた訴訟の和解金支払いに伴うもので、業績に与える影響は一時的なものであることがわかります。

ただし、長期的な利益の低下は主力医薬品の特許切れに伴うものですから、今後新たな主力製品を育てることができな

◉図表3-17　収益性指標の推移(2)

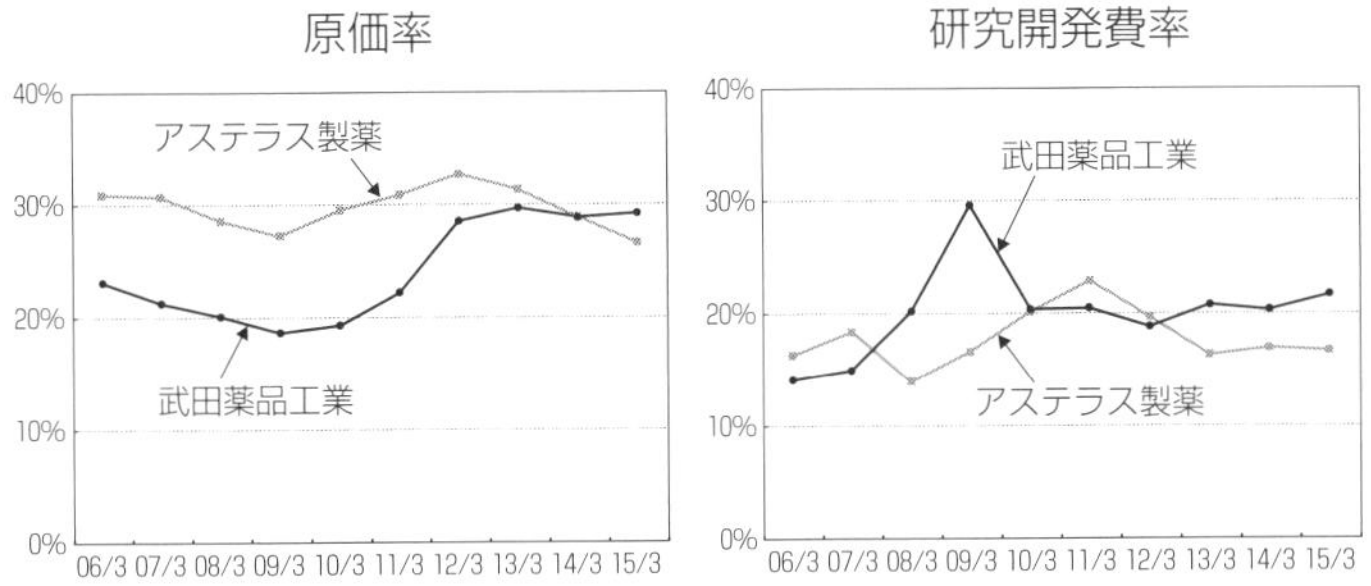

ければ、収益性を回復させることは難しい状況と言えます。

これに関連して、2つの費用に関する指標を見てみましょう。図表3－17は、**原価率**と**研究開発費率**（それぞれ売上原価と研究開発費を売上高で割ったもの）をグラフにまとめたものです。

原価率に関しては、武田薬品工業、アステラス製薬ともに20〜30%の水準にあります。医薬品メーカーの原価率は低く、それゆえに大型新薬が生まれれば高い収益性を実現することができていたのです。武田薬品工業に関しては、2011年3月期までは20%前後の原価率でしたが、それ以降30%弱にまで上昇しています。これは、新興国向けのジェネリック医薬品も扱うナイコメッド社買収の影響であると推測されます。

こうした低い原価率を支えているのが大型新薬だとすれば、大型新薬を生み出す原動力になっているのが研究開発です。武田薬品工業、アステラス製薬とも売上高の20%ほどを研究開発に投じています。多額の研究開発費を投じて生み出した

◉図表3-18　収益性指標の推移(3)

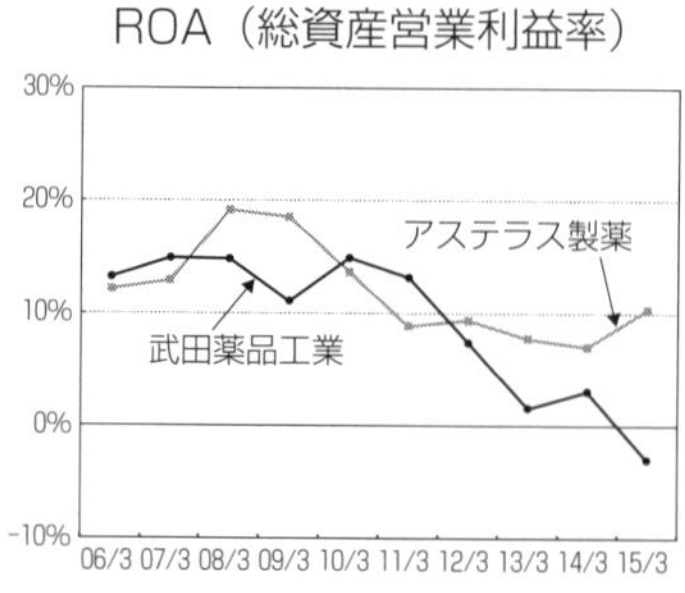

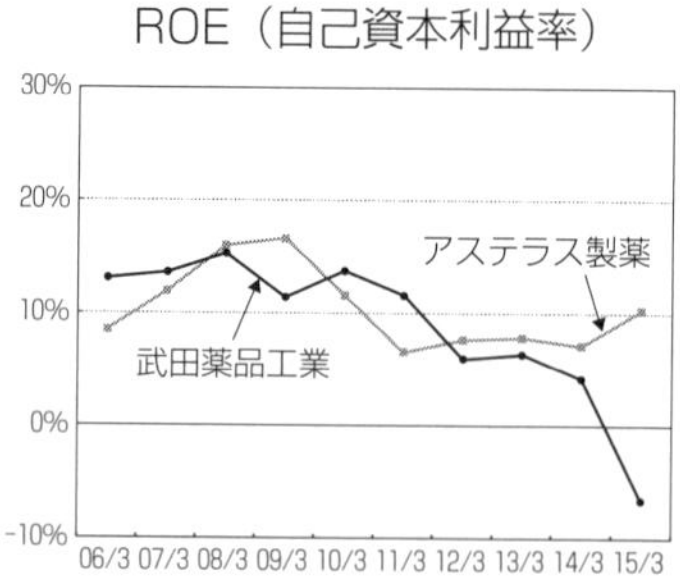

大型新薬によって高い収益性を実現するというのが、これまでの製薬会社の勝ちパターンだったのです。

次に、ＲＯＡ（総資産営業利益率）やＲＯＥ（自己資本利益率）といった収益性指標の推移を図表３－18にまとめておきます。

こちらも、基本的には売上高利益率などと同じような動き方になっています。武田薬品工業は２０１１年３月期ごろから、アステラス製薬は２０１０年３月期ごろから収益性が低下していますが、２０１２年３月期に下げ止まったアステラス製薬に対して武田薬品工業は低下傾向に歯止めがかかりません。

１１３ページで説明したように、２０１２年３月期に武田薬品工業は有利子負債による資金調達の影響で自己資本比率が下がっているため、その逆数である財務レバレッジが上昇し、ＲＯＥにはプラスの効果が出ているはずです。それにもかかわらず、ＲＯＥが下がっているということは、それ以上に総資産回転率や売上高当期純利益率が下がっていると考え

◉図表3-19　成長性指標の推移

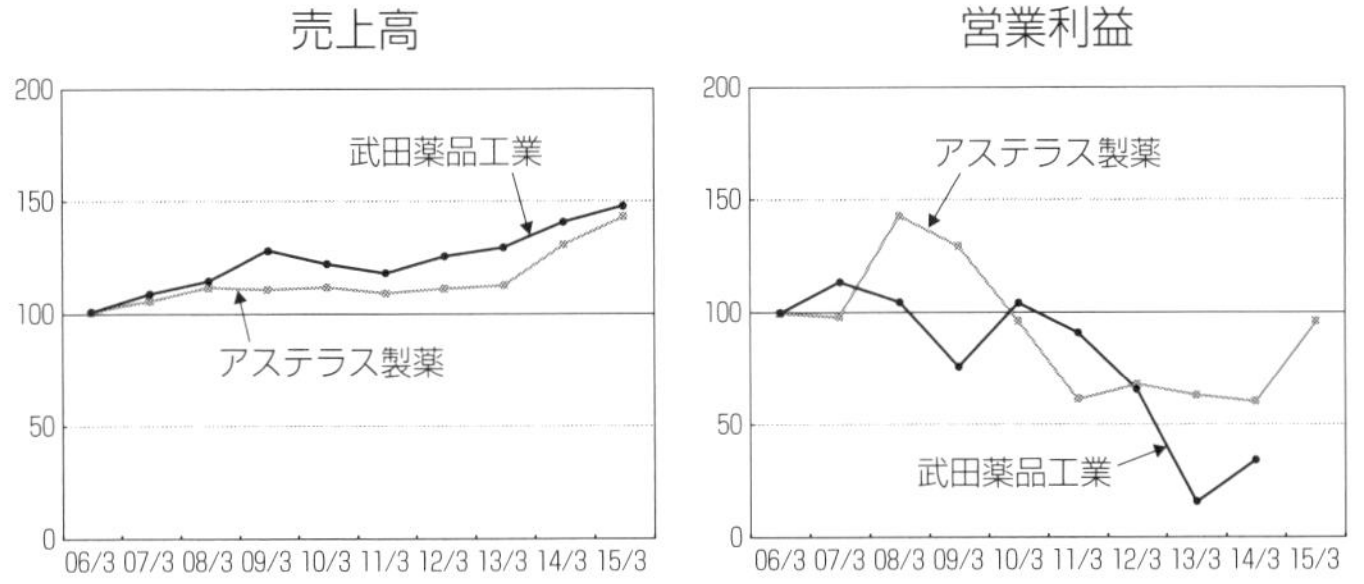

るべきでしょう。

成長性を分析する

最後に、成長性について見ていきましょう。

図表３－19は、２００６年3月期の売上高および営業利益を１００として、各年度の売上高、営業利益の推移をグラフにしたものです。

これによると、売上高の伸びは大型Ｍ＆Ａを行なった武田薬品工業のほうが大きいのですが、営業利益に関しては主力医薬品の特許切れのタイミングから武田薬品工業の数値が大きく落ち込んでいることがわかります。このことから、次のような仮説が考えられます。

仮説６：大型Ｍ＆Ａは武田薬品工業の売上高を押し上げているものの、主力医薬品の特許切れによる利益減少をカバーできていない一方、アステラス製薬に関しても2008年3月期をピークに営業利益を落とし続けていましたが、その後は持ち直して、2015年3月期には2006年3月期ごろの水準まで利益を回復させています。

分析のまとめ──製薬会社の現状と課題

ここまでの分析を踏まえると、武田薬品工業は、主力医薬品が相次いで特許切れとなるなか、新たな主力製品候補も乏しい状況であるために、それまでに蓄積してきた潤沢な手元資金を大型M&Aに投入して活路を見出すという意思決定を行なったことがわかります。とはいえ、これらの大型M&Aは現在のところ十分な利益を生み出しているとは言えず、訴訟の和解費用の影響もあって2015年3月期には創業以来の最終赤字に転落することになりました。

一方、アステラス製薬も同じ時期に主力製品の特許切れに見舞われましたが、新製品の売上が伸びたことにより、利益を下支えすることができました。その結果、利益額において武田薬品工業を上回ることができたのです。

しかしながら、アステラス製薬が順風満帆かと言われるとそうではありません。今後、さらなる特許切れのタイミングで業績が大きく低下する危険性があるのです。実際、アステラス製薬においては２０１８年にいくつかの主力製品が特許切れを迎えるため、利益が低下することが予想されています。

以上から、製薬会社の業績は、大型新薬が生まれるかどうかによって大きく左右されることが見えてきました。大型新薬の原価率は非常に低いため、一度新薬が生まれれば製薬会社には長期間にわたり大きな利益がもたらされます。そのため、製薬会社では多額の資金を研究開発に投入し、新薬を生み出そうとしてきたわけです。

ところが、近年では大型新薬は生まれにくい状況になりつつあります。なぜなら、治療のトレンドが個別化医療へと向かいつつあるからです。個別化医療とは、個々人の遺伝子などに合わせて効果の見込める治療をオーダーメイドで行なう方法です。

これまで大型新薬が生まれてきた背景には、ある症状を持つ患者に対して同じ薬を処方するという治療方針がありました。こうした治療方針の下では、ある症状に対する新薬が生まれると、その新薬が大量に使用されます。

また、その薬が効かない患者には、また別の薬が処方されることになりますから、別の薬の投薬量も増えることになります。その結果、ある大型新薬の誕生を起点にして数多くの大型新薬が連鎖的に生まれやすくなるわけです。

しかし、薬効のメカニズムが徐々に明らかになるなか、患者個々人の状況に合わせて効果の高い薬を処方しようとするのが個別化医療の考え方です。個別化医療では、ある症状に対する薬を一律に使用するのではなく、患者個々人の状況に応じてそれぞれ違う薬を処方することになります。

このような状況下では、製薬会社は少品種の薬を大量生産するのではなく、多品種の薬を少量ずつ生産することが求められます。

したがって、いまの製薬会社は、研究開発をテコに大型新薬を開発して高い収益性を実現するという、これまでの成功パターンの見直しを迫られている状況なのです。

財務指標を「ブラックボックス化」しない

ここまで説明してきたように、財務指標を使った分析を行なうことによって、時系列に沿ってその会社でどのようなことが起こったのか、現在抱えている経営課題は何か、といった点をあぶり出すことができます。

ぜひ、皆さんもご自身が勤務している会社、あるいは関心のある会社について、財務指標分析を行なってみてください。

ただし、そこで気をつけていただきたいのは、**財務指標を「ブラックボックス化」しない**ということです。

計算した財務指標を鵜呑みにしてしまうと、表面的な分析しかできなくなってしまいます。本章の冒頭でも説明したように、「財務指標→財務諸表→実際のビジネス」というつながりを絶対に忘れないようにしてください。

そうすれば、財務指標をブラックボックス化させることなく、本質をとらえた分析ができるはずです。

コンサル File3

そもそも財務諸表が実態を正しく表していない？

繰り返しになりますが、財務諸表を使って分析することにより、会社の置かれている状況を把握するとともに、抱えている経営課題をあぶり出すことができます。特に、経営課題に関する仮説を立てるためのツールとして、財務指標を使った分析はとても有用です。

私も経営コンサルタントとして様々なクライアント企業の経営状態を把握するために、財務データを出してもらい、様々な財務指標を計算して分析をしてきました。そのとき、特に気をつけるようにしているのが、その会社の財務データが適切なものかどうかを確認する作業です。

上場している会社であれば、監査法人による監査を受けていますし、管理会計システムもしっかりしているので、ある程度信頼のおけるデータを入手できることが多いのですが、中小企業などの非上場企業では必ずしもそうではありません。もっとも、監査を受けている上場企業であっても、粉飾決算などの会計不祥事がしばしば起こっているのが実態ではあるのですが……。

例えば、あるサービス業の会社のコンサルティングを行なっていたときのことです。その会社に対するコンサルティングテーマは、事業の再構築、いわゆるリストラでした。その会社では、業績の低迷が続き、事業部門のリストラを行なわなければ、数年内に倒産してしまうだろうという深刻な状況に陥っていました。その会社は複数の事業部門を持っていましたから、どの事業部門が黒字で、どの事業部門が赤字なのかを見極めたうえで、再建の可能性を検討し、閉鎖すべき事業部門を特定する必要がありました。

しかしながら、リストラ計画を策定するときに最大の問題になっていたのは、どの部門が儲かっていて、どの部門が儲かっていないのかについて経営陣でさえも「わかっていなかった」ことなのです。なんとなく、この部門は儲かっていないのではないか、という感覚は経営陣も持っていたのですが、実際のところ黒字なのか、赤字なのかを把握できていなかったのです。

なぜ、その会社では事業部門ごとの採算性を把握できていなかったのでしょうか。

そのポイントは、**各部門への費用の配分（配賦）**にありました。例えば、事業横断的に使用している販促物の費用が本社だけに配分されていたり、各事業部門で使った広告費がそれぞれの部門に対して適切に配分されていなかったりといった状態で、事業部門ごとのP／Lがそれぞれの実態を表さないものになっていたのです。これではどの部門を閉鎖し、どの部門に経営資源を集中すべきなのかを意思決定することなどできません。

したがって、私たちコンサルタントにとっての最初の作業は、事業部門ごとの費用の配分方法を見直し、適切な配分ルールにしたがって費用配分を行なうことでした。その作業の結果、各事業部門別の利益が初めて明らかになり、リストラのために最低限必要な現状把握を行なうことができたのです。

本章の本文中でも、財務諸表は正しく実態を表しているものだ、という前提で様々な分析を説明してきました。しかしながら、実戦で経営分析を行なうとき、そもそも財務諸表が正しく実態を表しているのかという点から疑ってかからなければならないケースが多々あります。

先ほどの事例のように費用の配分が問題になった企業もあれば、資産が適切に計上されていなかったクライアント企業もありました。例えば、オーナーの私物としか思われないものが会社の資産として計上されていたり、グループ会社間での資産配分が適切に行なわれていなかったりといったケースです。

特に、**会計システムがしっかりしていない会社の経営分析を行なうときには、そもそも財務諸表がその会社の経営の実態を適切に表しているのかどうかの確認作業が必要**になります。

第4章

状況判断を間違えないための会計思考力

——数字の裏側を読み解く

この章で身につける「武器」

☑キャッシュ保有の是非の判断基準
☑財務指標のトリックに対する注意点
☑粉飾決算の見抜き方
☑Ｍ＆Ａの財務諸表への影響の見方

数字の裏側に隠れているもの

■状況判断を間違えないためのスキル

前章までで、会社の財務諸表の見方や財務指標を使った分析の方法について説明してきました。ここまで本書を読み進んだ方であれば、会計思考力の基本を身につけることができているはずです。

そこで、この章では、もう少し突っ込んだ内容について解説していきます。具体的には、近年の日本企業の財務諸表でよく見られる傾向と会社経営の関連性や、様々な会社の**財務諸表を分析するときに引っかかりやすいワナ**などを取り上げていきます。

これまでと比べて、少し内容的に難しく感じられるかもしれませんが、数字とその裏側にある実際のビジネスを結びつけて考えるという基本は変わりません。

この章で、いざというときに状況判断を間違えないための会計思考力を身につけてください。

キャッシュ保有は善か悪か？

最初に取り上げるのは、日本企業が持つ**現金（キャッシュ）**についてです。近年の日本の上場企業では、財務体質の改善が進み、豊富な現預金を持つ企業が増えていると言われています。2017年6月13日付の日本経済新聞朝刊では、2016年度末の時点で「**実質無借金**」の上場企業数は2000社を超え、全上場企業に占める割合が60％に迫っていると報じています。

ここで実質無借金企業とは、現預金や短期保有目的の有価証券などの手元資金から、借入金や社債などの有利子負債を引いた金額（ネットキャッシュ）、すなわち借入金などを返済しても手元に残る資金がプラスの企業のことを指しています。

このように、実質無借金の企業が増加している理由としては、企業業績の改善が挙げられます。**利益の内部留保（利益剰余金の蓄積）**により手元資金が増えたことで、財務体質が大きく改善したのです。

こうした企業では、財務指標はどのように変動しているのでしょうか。

まず、手元資金が増えることにより、流動比率、当座比率が増加しているはずです。

また、利益剰余金が増加したことにより、固定比率、固定長期適合率が低下し、自己資本比率も増加しているでしょう。

つまり、近年、安全性の各指標に関しては、好ましい方向に動いていることになります。過大な負債を抱え、手元資金が乏しい状態では安全な経営を行なうことができません。したがって、実質無借金企業が増加しているということは、日本の上場企業全体としての経営の安全性が増していることを示しています。

キャッシュを多く持ちすぎると何がまずいのか？

一方、キャッシュなどの手元資金が多い場合における問題はないのでしょうか。**手元資金は、それ自身が収益を生むことはほとんどありません。**もちろん、運用収益はあるでしょうが、それは事業収益と比較すると非常に小さくなります。

したがって、手元資金が過大な企業では、総資産回転率は低下することになります。また、ＲＯＡ、ＲＯＥといった資本に対する利益を分析する指標も低下することが予想されます。

投資家の視点から見れば、資本効率の低い企業は決して好ましい投資先ではありません。自分が投資した資金を企業が有価証券などで運用するくらいなら、自分でそうした投資を行なったほうがよいからです。投資家は高いリターンを期待して、企業への投資をしているわけですから、企業に対しては資本を事業に対して投資し、有効に活用してほしいと考えます。

そのため、手元資金が豊富であるにもかかわらず、有効にそれを活用していない資本効率が低い企業に対しては、投資家から資金の使い道を問う批判的な意見が出されることが多いのです。

こうした投資家からの意見に対して、**企業はその資金をM＆Aや新規投資に振り向けていくのか、それとも配当や自社株買いといった形で株主に還元していくのか、その姿勢をはっきりさせることが求められます。**

任天堂はなぜキャッシュリッチなのか？

手元資金を豊富に持つ、キャッシュリッチな会社の代表格としては、**任天堂**を挙げることができます。

2016年3月期において、任天堂の保有する現預金は5704億円、短期保有目的の有価証券が3389億円となっており、有利子負債はゼロですから、ネットキャッシュは9093億円に上ります。これは、日本の上場企業全体を見渡しても間違いなくトップ水準のキャッシュ保有量と言えます。

では、任天堂はなぜ、これほど多くのキャッシュを保有しているのでしょうか。

◉図表4-1　任天堂の業績の推移

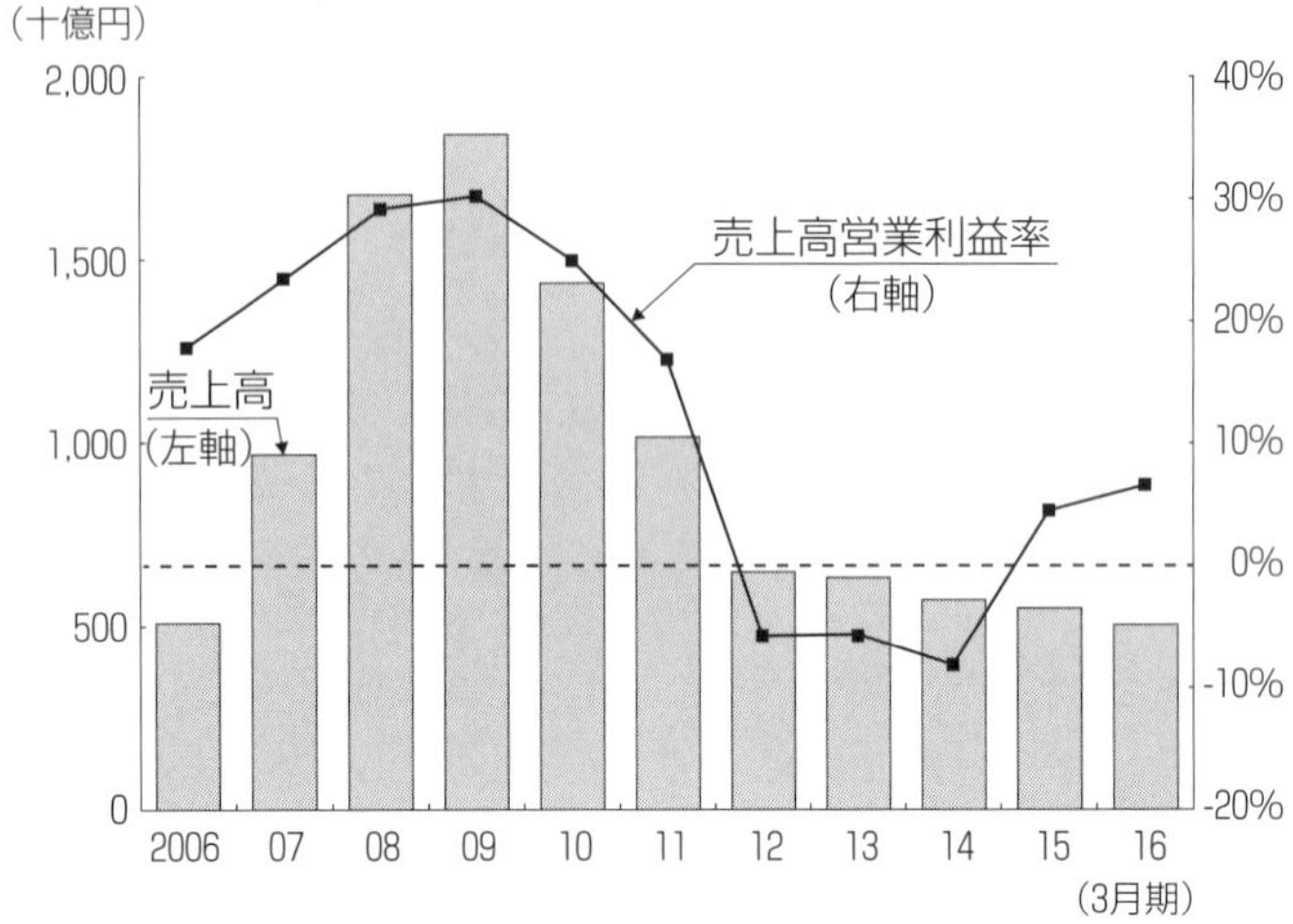

図表４－１は、最近の任天堂の売上高と売上高営業利益率をまとめたものです。

これを見ると、近年における業績が大きく変動していることがわかります。同図表に示した期間の前半では、任天堂は売上高、営業利益率ともに大きく伸ばしています。

これは、２００４年に発売した携帯用ゲーム機であるニンテンドーＤＳ、２００６年に発売した家庭用ゲーム機Ｗｉｉが全世界的に大ヒットしたことが影響しています。

図表４－１には掲載していませんが、それまでの任天堂の売上高は２００６年３月期とほぼ同額の５０００億円前後で推移していたのが、２００９年３月期には、じつにその４倍の２兆円近くにまで増加したのです。

この時期、売上高の増加に伴って営業利益率も大きく上昇し、２００９年３月期には30

%を超えています。

ところが、その後、状況は一変します。2009年3月期でピークを打った売上高はその後一貫して減少し、2016年3月期にはまた5000億円前後の規模まで縮小してしまいます。それに伴い、営業利益は3期連続で赤字を計上しています。

これは、スマートフォンの普及によりゲーム専用機の売上が大きく減少し、ニンテンドー3DS、WiiUといった新型ゲーム機の売上が伸び悩んだためです。じつは任天堂では、こうしたヒット商品の有無によって大きく業績が左右されるという歴史を繰り返してきました。ゲームビジネスはリスクが高く、一度商品がヒットすれば大きな売上につながりますが、ヒット商品が出なければ、売上や利益が大きく落ち込むことになります。

任天堂は、こうした**リスクに備えるため、多くのキャッシュを保有している**のです。

ここまでを整理するために繰り返しますが、キャッシュ保有は会社経営の安全性を高めることにつながる一方で、多すぎるキャッシュは企業の資本効率を損なう結果を招きます。したがって、自社のビジネスの持つリスクに応じて、必要なキャッシュの額を見極めることが重要です。

総合商社はなぜ多くの売上債権を抱えているのか？

売上高と売上債権の関係

第3章で取り上げた売上債権回転期間という指標（104ページ参照）は、会社が保有する売上債権が何ヶ月分の売上高に相当するのか、言い換えれば売上が計上されてから現金として回収されるまでにどれくらいの期間がかかるのかを分析するための指標でした。

この**売上債権回転期間が長いということは、商品や製品を販売してから現金化するまでの期間が長いことを意味するため、売上債権についての資本効率が低い**と判断されます。キャッシュを有効に活用するという観点からすれば、売上債権回転期間は短いほうがよいのです。

三菱商事の収益と売上債権

次に、日本を代表する総合商社、**三菱商事**の売上債権回転期間を分析していきます。

◉図表4-2　三菱商事の連結Ｂ／Ｓ（米国会計基準）

（単位：百万円）

資産の部		負債及び資本の部	
科目	2014年3月末	科目	2014年3月末
流動資産		流動負債	
現金及び現金同等物	1,322,964	短期借入金	824,467
定期預金	142,705	一年以内に期限の	
短期運用資産	23,497	到来する長期借入債務	542,037
受取手形	365,155	支払手形	199,012
売掛金	2,627,752	買掛金及び未払金	2,222,955
短期貸付金等	438,234	関連会社に対する債務	175,670
関連会社に対する債権	256,438	取引前受金	122,545
棚卸資産	1,269,679	未払法人税等	86,251
取引前渡金	141,381	未払費用	138,287
短期繰延税金資産	58,962	その他の流動負債	390,693
その他の流動資産	503,151	流動負債合計	4,701,917
貸倒引当金	△26,713	固定負債	
流動資産合計	7,123,205	長期借入債務	4,692,531
投資及び長期債権		年金及び退職給付債務	57,198
関連会社に対する		長期繰延税金負債	239,477
投資及び長期債権	2,963,404	その他の固定負債	396,550
不動産共同投資	33,471	固定負債合計	5,385,756
その他の投資	1,379,013	負債合計	10,087,673
長期貸付金及び		株主資本	
長期営業債権	689,994	資本金	204,447
貸倒引当金	△42,586	資本剰余金	265,972
投資及び長期債権合計	5,023,296	利益剰余金	
有形固定資産		利益準備金	45,761
有形固定資産	4,278,032	その他の利益剰余金	3,906,472
減価償却累計額	△1,562,091	累積その他の包括損益	
有形固定資産合計	2,715,941	未実現有価証券評価益	244,156
その他の資産	429,257	未実現デリバティブ評価損	△3,052
		確定給付年金調整額	△68,204
		為替換算調整勘定	192,773
		自己株式	△14,081
		株主資本合計	4,774,244
		非支配持分	429,782
		資本合計（純資産）	5,204,026
合計	15,291,699	合計	15,291,699

注：△はマイナスを表す（図表4-3についても同じ）
出所：三菱商事株式会社2014年3月期決算短信

◉図表4-3　三菱商事の連結P／L（米国会計基準）

（単位：百万円）

科　　　　　目	2013年度 (13/4〜14/3)
収益	
商品販売及び製造業等による収益	7,015,801
売買取引に係る差損益及び手数料	573,454
収益合計	7,589,255
商品販売及び製造業等による収益に係る原価	△6,429,114
売上総利益	1,160,141
その他の収益・費用	
販売費及び一般管理費	△941,679
貸倒引当金繰入額	△19,995
利息（受取利息差引後）	△6,023
受取配当金	164,883
有価証券損益	135,544
固定資産損益	△16,878
その他の損益—純額	△43,760
その他の収益・費用計	△727,908
法人税等及び持分法による投資損益前利益	432,233
当期税金	△159,912
繰延税金	△10,523
持分法による投資損益前利益	261,798
持分法による投資損益	208,507
非支配持分控除前当期純利益	470,305
非支配持分に帰属する当期純利益	△25,512
当社株主に帰属する当期純利益	444,793

注：ASCサブトピック605-45「収益認識-本人か代理人かの検討」に基づき、「収益」を表示しております。なお、日本の会計慣行による「売上高」及び「営業利益」は、次のとおりとなります。

	2013年度
売上高	21,950,137
営業利益	198,467

「売上高」は、当社及び連結子会社が契約当事者または代理人等として行った取引額の合計です。

「営業利益」は、「売上総利益」、「販売費及び一般管理費」及び「貸倒引当金繰入額」を合計したものです。

出所：三菱商事株式会社2014年3月期決算短信

◉図表4-4　三菱商事の売上債権回転期間？

$$\text{売上債権回転期間} = \frac{\text{2兆9929億円（売上債権）}}{\text{7兆5893億円（収益合計）}} \times 12\text{（ヶ月）}$$

$$= 4.73\text{（ヶ月）？}$$

同社の２０１４年３月期（平成26年３月期）の決算短信から米国会計基準で作成された連結Ｂ／Ｓと連結Ｐ／Ｌを抜き出したものを図表４－２および図表４－３に示していますので、そこから必要なデータを拾ってみます（なお、三菱商事は２０１５年３月期よりＩＦＲＳを採用しています）。

２０１４年３月期の連結Ｂ／Ｓには、受取手形と売掛金が表示されているので、これらを合計した２兆９９２９億円が売上債権ということになります。

一方、連結Ｐ／Ｌには売上高という項目はありませんが、「**収益合計**」という項目があり、その金額は７兆５８９３億円となっています。

第１章で説明しましたが、収益は売上高に相当するものですから、売上債権回転期間を計算するときの数字として、図表４－４に示すように、収益合計の金額を分母に使用してみます。

この計算によると、三菱商事の売上債権回転期間は４・７３ヶ月となります。つまり、三菱商事では、売上債権を回収するまでに５ヶ月近くの期間がかかっていることになります。この数値は、**上場企業の売上債権回転期間の平均値が２ヶ月程度**であることを考えると、かなり長いと言えます。

三菱商事の売上債権回転期間はなぜ長いのか？

このように、三菱商事の売上債権期間が長くなっている理由について、ビジネススクールの講義で議論していると、「総合商社には金融機能があり、取引先（買い手）に対する**信用供与**が行なわれているので、売上債権回転期間が長くなっているのではないか」など、いろいろな意見が出ます。

ここで出てきた「信用供与」とは、総合商社が受取手形や売掛金という形で買い手の支払いに猶予期間を持たせることで、買い手のキャッシュ・フローに対する支援を行なうことを指しています。

総合商社にとっての受取手形や売掛金は買い手にとっては支払手形や買掛金となります。第3章の仕入債務回転期間のところでも説明しましたが、仕入債務回転期間が長くなるほど買い手にとってはキャッシュ・フローの面で有利になります。このような形で、買い手の資金繰りを支援するために売上債権回転期間が長くなっているのではないか、というのが先ほどの意見の根拠になっています。

確かに、総合商社には金融機能があるのですが、それにしてもこの売上債権回転期間は長すぎます。じつは、そのカラクリは**総合商社の収益の計上基準**にあります。

図表4－3をよく見直してみると、下の注記欄に、日本の会計慣行による「売上高」と

いう項目が表示されています。そこには、２０１４年3月期の売上高は21兆９５０１億円と記載されています。先ほどの収益合計の金額（7兆５８９３億円）との間には3倍近くの開きがある数字です。この差はいったい何でしょうか。

私たちが商社の伝統的なビジネスとして思い浮かべるのは、商品やサービスの売買を仲介する商取引です。従来の日本の会計慣行では、こうした仲介取引に関与した取引金額全体（販売総額）を売上高として計上していたのですが、米国会計基準で作成された三菱商事の連結Ｐ／Ｌではこうした慣行に基づく計上は認められず、取引によって生じた差損益・手数料のみが収益に計上されています。

これが、「収益合計」と「日本の会計慣行による売上高」の大きな差を生み出しているのです。仲介取引においても、一部で取引総額ベースの売上債権が発生していると考えれば、先ほどの売上債権回転期間が非常に長くなっている理由にも合点がいきます。

この日本の会計慣行による売上高をもとに売上債権回転期間を計算すると、１・６４ヶ月となり、先ほどの数字と比べるとかなり短くなることが確認できます。ただし、売上債権については総額ベースで計上されているものと、手数料部分のみで計上されているものが混在していますから、実際の売上債権回転期間は１・６４ヶ月と４・７３ヶ月の間のどこかだと推測されます。

流動比率が100%を割り込んでいても大丈夫？

流動比率と会社の安全性

第3章で、流動比率という財務指標を取り上げました。これは、短期的に支払いを行なわなければならない負債（流動負債）に対して、その支払いに充てられる原資（流動資産）がどれだけあるのかを示す指標でした。

流動比率が高いほど短期的な支払い能力が高いと判断できるのですが、逆に流動比率が100%を下回っている場合、流動負債の支払いに充当できるだけの流動資産を持っていないとも言えます。

単純に考えると、このような場合には**資金繰り**に行き詰まってしまうのではないか、と考えたくなります。もちろん、安全性の面では流動比率が高いに越したことはないのですが、100%を下回っていても問題ないケースもあります。では、そのような2つのケースを見てみましょう。

◉図表4-5　ある食品スーパーの要約B／S

科目	金額（十億円）	科目	金額（十億円）
（資産の部）		（負債の部）	
流動資産	**9**	流動負債	**13**
現預金	3	支払手形・買掛金	5
受取手形・売掛金	1	短期借入金	4
棚卸資産	3	その他	4
その他	2		
		固定負債	**10**
		長期借入金	6
固定資産	**31**	資産除去債務	1
有形固定資産	**20**	その他	3
建物・構築物	9	負債合計	**23**
土地	10	（純資産の部）	
その他	1	資本金	4
		資本剰余金	7
無形固定資産	1	利益剰余金	6
		自己株式	-2
投資その他の資産	10	その他の包括利益累計額	2
		純資産合計	**17**
資産合計	**40**	負債純資産合計	**40**

「日銭商売」のケース

図表４－５は、ある食品スーパーの要約連結Ｂ／Ｓです。

流動資産が90億円、流動負債が１３０億円ですから、これをもとに流動比率を計算してみると、69・２％となります。

この数値だけを見ると、流動比率が１００％を切っているので、この会社の安全性は低い、と判断したくなります。

しかし結論から言えば、この食品スーパーの安全性は問題ないのです。

飲食業や小売業の場合、基本的に顧客は商品を現金で購入するため、売り手の会社側には安定的に現金収入が発生する、いわゆる**「日銭商売」**と言われる形態となります。

日銭商売の場合、そうした現金収入を負債の支払いに安定的に充てることができます。

また、この食品スーパーもそうですが、**日銭商売では受取手形や売掛金といった売上債権は小さくなるのが普通です。その一方で買掛金などの仕入債務は比較的大きくなるために流動比率は低くなりがちですが、資金繰り上は問題ない**のです。

実際、この食品スーパーのキャッシュ・フロー計算書を見てみると、営業活動によるキャッシュ・フローはプラス20億円となっており、資金繰りには大きな問題がないことがわかります。

このように、**日銭商売を営む会社では、流動比率が１００％を下回っていても資金繰りには問題ないケースが多い**のです。

短期借入金の借り換えにも要注意

続いて、もう1つのケースを見てみましょう。

図表4－6は、あるメーカーの要約連結Ｂ／Ｓです。

このメーカーの最新期における流動資産は50億円、流動負債は80億円ですから、流動比率は62・5％となります。このメーカーも、やはり流動比率は100％を下回っています。

しかもメーカーですから、先ほどの食品スーパーのような日銭商売ではありません。**メー**

◉図表4-6　あるメーカーの要約B／S

（単位：十億円）

科目	2期前	1期前	最新期	科目	2期前	1期前	最新期
（資産の部）				（負債の部）			
流動資産	**6**	**5**	**5**	流動負債	**11**	**8**	**8**
現預金	2	1	1	支払手形・買掛金	3	2	2
受取手形・売掛金	3	2	2	短期借入金	5	5	5
棚卸資産	2	2	2	その他	3	1	1
固定資産	**15**	**15**	**14**	固定負債	**1**	**3**	**2**
有形固定資産	**14**	**14**	**14**	長期借入金	0	2	2
建物・構築物	2	2	2	その他	1	1	0
機械・装置	1	2	2	負債合計	**12**	**11**	**10**
土地	9	9	9	（純資産の部）			
その他	2	1	1	資本金	2	2	2
投資その他の資産	1	1	0	資本剰余金	3	3	3
				利益剰余金	4	4	4
				純資産合計	**9**	**9**	**9**
資産合計	**21**	**20**	**19**	負債純資産合計	**21**	**20**	**19**

カーの場合、売掛金も在庫もある程度抱える必要があります。

とすると、やはり資金繰りに問題があると判断すべきでしょうか。

じつは、ここでも結論から言うと、このメーカーに関しても資金繰りに問題はありません。

このメーカーにおいて流動負債のなかで一番金額の大きな項目は、短期借入金（50億円）です。一方、現預金は10億円ですから、やはり短期借入金の返済が滞るのではないかと疑いたくなります。

ところが、このメーカーのB／Sを過去に遡って見ていくと、1期前、2期前のB／Sにも短期借入金が同じく50億円計上されています。つまり、新たな短期借入金を起こすと同時に、以前の短期借入金を返済しているという状況、いわゆる**短期借入金の借り換え**が行なわれていると推測されます。

こうした**借り換えが行なわれている短期借入金は、額面どおり、短期で借り入れた資金ととらえるのは適切ではありません。**

むしろ、長期借入金に相当するものだと考えたほうがよいでしょう。仮に、この短期借入金を除いて最新期の流動比率を計算してみると、166・7％（＝50÷30×100）となり、流動比率の水準としては問題ないと言えます。

このように、一期分だけの流動比率の計算結果を機械的に見てしまうと、短期借入金の借り換えが行なわれている場合などでは、状況判断を誤ってしまうおそれがあるため、注意が必要です。

状況判断を間違えないためには、**単年度の財務指標だけで判断するのではなく、複数年度の財務諸表の推移を確認する**必要があります。

粉飾決算企業の経営指標はどう動く？

粉飾決算はなぜ、どのように行なわれるのか？

ここでは、いわゆる「**粉飾決算**」など、企業が不適切な会計処理を行なう事例について取り上げます。

上場企業においても、粉飾決算などの不適切会計の事例が後を絶ちません。2016年以降に限っても、昭光通商、日本カーバイド工業、船井電機、パスコ、テクノメディカ、ホウスイといった会社が、不適切な会計処理を理由に日本証券取引所グループに対して改善報告書を提出しています。

これらの会社はすべて一部上場の、いわゆる大企業に類する企業ばかりです。会計監査が行なわれている上場企業でも、こうした不適切な会計処理が行なわれているわけですから、会計監査の入らない中小企業ではなおさらです。

このような**粉飾決算を行なうような会社を見抜くことができなければ、取引などで思わぬ損失を被る**ことになりかねません。

なぜ粉飾決算が行なわれるのでしょうか。

中小企業の場合であれば、業績不振に伴う金融機関からの融資打ち切りを避けるために粉飾決算が行なわれるケースが多く見られます。また例えば、建設土木業の場合、業績が公共工事の入札資格の審査に影響しますので、こうした審査をクリアするために粉飾決算が行なわれることがあります。

一方、**上場企業の場合は、自社の株価維持を目的に粉飾が行なわれる**ことが多いようです。

粉飾決算は、主に売上や利益を実態よりも過大に見せることを目的に行なわれます。第1章末のコラム「コンサル・ファイル1」では、会計方針の変更が利益に影響を与えることについて説明しましたが、それはあくまでも適切な会計処理の範囲内で行なわれているのに対し、粉飾決算は適切な会計処理を逸脱してしまったものを指します。

粉飾決算の代表的な手口としては、①売上を過大に計上する、②費用を過少に計上する、という2つが挙げられます。それでは、これら2つの手口について代表的なパターンを順に見ていきましょう。

◉図表4-7　循環取引

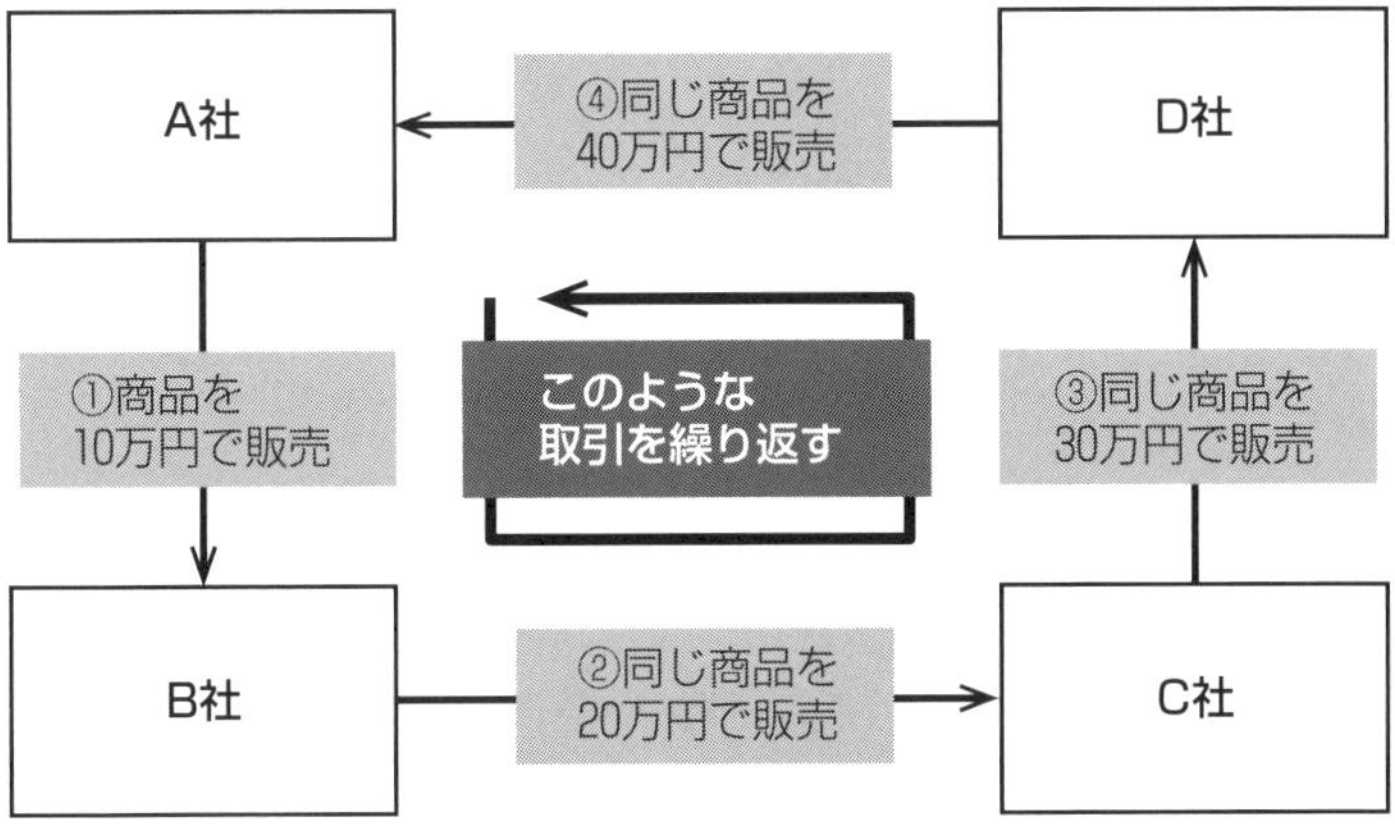

売上を過大に計上する

売上高を過大に見せるときに行なわれる代表的な手法の1つが、「**循環取引**」です。

これは、図表4－7に示すように、いくつかの会社の間で同じ商品の売買取引をぐるぐる回していく取引のことです。

粉飾を行なう会社は、循環取引を行なうことによって売上と利益を水増ししようとしますから、購入価格より販売価格が高くなるように取引価格を設定します。

この取引を回していくと商品の価格は、例えば10万円、20万円、30万円、40万円、50万円……と、どんどん高くなり、取引金額の合計が大きく膨れ上がっていきます。その過程で、循環取引に関わっていた会社の1つが経営破綻をすれば、巨額の売上が回収不能となり、このような循環取引は破綻を迎えることとなります。

　また、こうした取引により売上債権が膨らんだ結果、監査や内部告発などを通じて不正が発覚し、破綻を迎えるケースもあります。

◉図表4-8　売上原価の過少計上

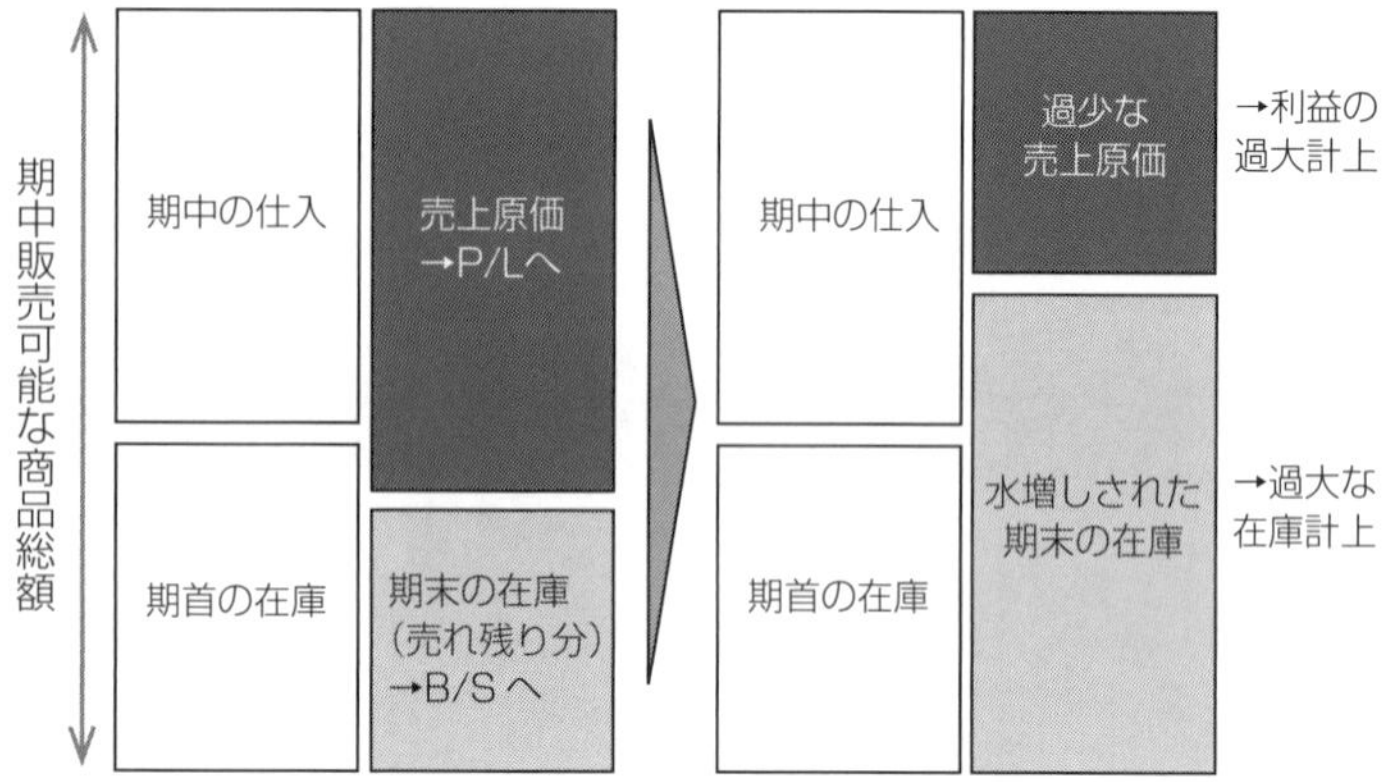

費用を過少に計上する

　費用を過少に計上する場合によく使われるのが、**売上原価を過小に計上する手口**です。

　第1章で、売上原価とは商品や原材料の仕入や製造にかかった費用であると説明しましたが、この粉飾の手口を理解するためには、原価を計上するときの計算方法をもう少し詳しく知っておく必要がありますので、まずはそこから始めることにします。

　話を単純にするために、商品を仕入れて販売する、小売業のような業態を例にして考えてみましょう。売上原価は、ある会計年度において販売された商品の仕入にかかった費用を指しています。

では、その期に販売された商品の原価をどのようにして把握するかというと、図表4－8の左側に示されているように、期首の商品在庫に期中に仕入れた在庫を加えたもの（期中販売可能な商品総額）から、期末に売れ残った在庫（金額）を差し引いて計算します。つまり、**「売上原価＝期首在庫＋期中商品仕入－期末在庫」という式で売上原価を把握します。**

ここで、図表4－8の右側に示すように、何らかの方法で**期末在庫を過大に計上すると、売上原価が過少に計上されることになり、利益を過大に見せることができます。**

しかしながら、この手法を繰り返していくと、毎年過大な在庫が雪だるま式に積み上がってしまいます。**あまりに在庫金額が膨らめば、貸借対照表は不自然な姿となり、ここから粉飾決算が発覚します。粉飾決算が明るみに出ると、その会社の信用は一気に地に落ちますから、**もはや事業の存続は望めない状態に陥ってしまいます。

回転期間とキャッシュ・フローに注目

さて、粉飾決算を見抜くためには、どのような方法があるのでしょうか。ここで効果的なのは、第3章でも取り上げた**回転期間分析**と、**キャッシュ・フローの分析**です。

◉図表4-9　メディア・リンクスの財務指標

決算期	(3月期)	98年	99年	00年	01年	02年	03年
売上高	(百万円)	1,303	1,532	1,797	2,047	6,552	16,864
営業利益	(百万円)	18	112	138	35	336	502
売上債権回転期間	(ヶ月)	6.89	5.37	7.03	7.03	3.18	2.92
棚卸資産回転期間	(ヶ月)	0.12	0.46	0.70	0.43	2.13	3.63
営業CF	(百万円)	－	－	－	-400	-218	-4,474

注：2000年3月期までは単独決算、2001年3月期以降は連結決算

粉飾決算で回転期間やキャッシュ・フローがどうなるかを見るために、システム開発会社である**メディア・リンクス**の事例を取り上げます。

同社は、循環取引などの架空取引により売上の水増しを繰り返していたことが2004年に発覚し、不正に関わったとされる同社社長に対しては、証券取引法違反などの罪で有罪判決が出されています。

図表4－9は、メディア・リンクスの売上高、営業利益、売上債権回転期間、棚卸資産回転期間、そして営業活動によるキャッシュ・フロー（営業CF）をまとめたものです。同社の売上高、営業利益は順調に増加しており、これだけを見れば業績に問題はなさそうです。

しかしながら、売上債権回転期間を計算してみると、1998年3月期から2001年3月期にかけて5～7ヶ月前後の水準で推移しています。**情報サービス業の売上債権回転期間の平均値が2～3ヶ月**であることを考えると、これは異常な数値です。

また、棚卸資産回転期間についても、２００1年3月期までは1ヶ月未満で推移していますが、２００2年3月期から２００3年3月期にかけて異常な増加を示していることがわかります。粉飾決算により利益を水増しする過程で、棚卸資産を大きく増加させた可能性が高いと推測できます。

なお、２００2年3月期から２００3年3月期で、売上債権回転期間が3ヶ月程度まで短くなっています。このデータだけではその詳細まではわかりませんが、売上債権が膨らみすぎたために、売上債権の一部を棚卸資産に付け替えた可能性があります。

このようなケースでは、キャッシュ・フローの分析も有効です。**実態のない取引にはキャッシュの裏づけがなく、また金融機関で照会可能な現預金残高を改ざんすることは非常に難しい**ためです。

実際、メディア・リンクスの連結キャッシュ・フロー計算書が開示されている２００1年3月期以降の営業活動によるキャッシュ・フロー（営業ＣＦ）を見てみると、Ｐ／Ｌ上の営業利益は黒字決算を続けているにもかかわらず、営業ＣＦは少なくとも3期連続で赤字を出していることがわかります。

M&Aによって自動的に利益が下がる?

◉図表4-10　のれん残高の大きい主な企業と会計基準

社名	のれん残高	会計基準
ソフトバンクグループ	4兆8589億円	IFRS
JT	1兆6019億円	IFRS
NTT	1兆2790億円	米国基準
キヤノン	9364億円	米国基準
武田薬品工業	7773億円	IFRS
電通	7187億円	IFRS
パナソニック	5598億円	米国基準
富士フイルムホールディングス	5049億円	米国基準
ソニー	5032億円	米国基準
KDDI	4539億円	IFRS

注：2016年末時点でのデータ
出所：2017年3月18日付日本経済新聞朝刊および各社決算資料などより筆者作成

M&Aと「のれん」

第1章で説明したように、B／Sの無形固定資産のなかに「**のれん**」が計上されていることがあります。

のれんは、企業が買収（M&A）を行なったときの買収価額と時価ベースで算出した買収対象企業の純資産との差額ですから、数多くのM&Aを行なった会社のB／Sには、多額ののれんが計上されることになります。

図表4－10は、2016年末時点におけるのれん残高の大きい主な企業について、のれんの残高と採用している会計基準をまとめたものです。

これを見ると、やはりソフトバンクグループやJTなど、**過去に大型買収を繰り返した企業ののれん残高が大**

きくなっていることがわかります。ここで注目したいのは、各社が採用している会計基準です。図表4-10に示した10社のうち、国際会計基準（ＩＦＲＳ）を採用しているのが5社、米国会計基準を採用しているのが5社となっており、日本基準を採用している会社は1社もありません。これは、なぜなのでしょうか。

のれんの会計処理方法

この謎を解く鍵は、のれんの会計処理方法にあります。**現行の日本の会計基準では、のれんを計上後20年以内に償却しなければならないとしています。**

一方、**ＩＦＲＳや米国会計基準ではのれんの償却は行なわない**（減損の兆候がなければ、費用計上しない）こととされています。このような基準の違いから、日本基準を採用するのか、あるいはＩＦＲＳや米国会計基準を採用するのかによって、Ｐ／Ｌに計上されるのれんの償却費に差が出るため、利益の金額が大きく変わってきます。

例えば、仮に20年でのれんを毎年同じ金額で償却した場合（このような償却法を「定額法」と呼びます）、ソフトバンクグループでは毎年２５００億円弱ののれん償却費が発生します。言い換えれば、ＩＦＲＳを採用することによって、ソフトバンクグループの利益は日本基準を採用した場合に比べて２５００億円近く押し上げられることになるのです。

もちろん、ＩＦＲＳや米国会計基準を採用する背景には、会計基準をグローバルスタンダードに合わせたいとする企業の意向もあることは確かでしょう。

しかしながら、多額ののれんを計上する企業がこぞってＩＦＲＳや米国会計基準を採用している現状に鑑みれば、**のれんの会計処理方法の違いがＩＦＲＳや米国会計基準採用の大きな要因の１つになっている**と言えます。

ＩＦＲＳに変更した場合もリスクは残る

それでは、ＩＦＲＳや米国会計基準を採用すれば、のれんが利益に与える影響がなくなるのかと言えば、そうではありません。

これらの会計基準では、のれんの定期償却を行ないませんが、決算期末に「減損テスト」を実施して、**買収先企業の価値が帳簿価格を下回ると評価された場合、その分だけ資産価額を減額し、減損損失を計上する**という手続きをとらなければなりません（なお、日本の会計基準を採用した場合でも、のれんは減損の対象となります）。

したがって、ＩＦＲＳや米国会計基準を採用する企業であっても、多額ののれんが計上されている場合には、将来的に大きな減損損失を計上するリスクがあることに留意しておく必要があります。

コンサル File4

事業会社と監査法人のせめぎあい

本章で取り上げたような粉飾決算が明るみに出た場合には、その企業の会計監査を担当する監査法人にも厳しい目が向けられます。

2005年には、**カネボウ**の会計監査を担当していた中央青山監査法人の公認会計士が逮捕される事件が起こりました。このときの逮捕理由としては、カネボウが**債務超過**の状況（負債総額が資産総額を超えてしまっている状態）にあることを把握していながら、粉飾による隠蔽工作に加担するなど、監査のあり方が悪質であったことなどが挙げられました。

また、2015年に発覚した**東芝**の不正会計の事例でも、会計監査を担当していた新日本有限監査法人と、直接監査を担当した公認会計士7名に対して、金融庁が行政処分を科しています。このときは、東芝の説明を批判的に検証せず、不適切な会計処理を見抜けなかったことなどが問題視されました。

これらの事件の背景には、監査法人と監査を受ける企業の間の「なれ合い」や、粉飾を見抜けなかった監査法人の力不足などの問題があります。監査法人が企業経営者の真意をきちんと見極め、適切な会計処理がなされるように監査を行なっていれば、このような事件は起こらなかったはずです。

私がある製造業に属する上場企業の経営コンサルティングを行なっていたとき、印象的な出来事がありました。その会社では、従来から行なっている自社製品の販売事業に加えて、新規事業としてレンタル事業部門を立ち上げようとしていました。レンタル事業を行なうためには、レンタルする製品を自社保有しなければなりませんから、それを資産として計上することになります。

しかし、第3章で説明してきたように、自社資産の増加は資本効率の低下を招きます。その会社もROAやROEの向上を経営目標の1つとして掲げていましたから、レンタル事業の資産を自社のB/Sに載せたくないと考えていました。

そこで、リース会社に製品を一度売却し、それをリースしてもらう、いわゆるセール&リースバック方式でレンタル資産をB/Sから外せないかと考え、監査法人に相談したのです。

それに対する監査法人からの回答は、「リースを受けたレンタル事業の資産をB/Sから外すことはできない」というものでした。リース会計基準の詳細については本書で取り扱う内容としては専門的になりすぎるので割愛しますが、**リース資産をB/Sに計上すべきか否かの判断は、借り手がその資産を実質的に保有していると見なすべきかどうかによ**

って変わってきます。

このケースでは、監査法人がその取引を検討した結果、リースを受けたレンタル事業の資産をB／Sから外すべきではない、という回答だったわけです。そのメーカーはなんとかB／Sから外す方法はないかと監査法人に再度相談しましたが、様々な条件を変えたとしても、リースを受けたレンタル事業の資産を実質的にそのメーカーが保有していると見なされることから、監査法人はそれを認めませんでした。その結果、最終的にはその資産をB／Sに計上することになったのです。

これは私が経営コンサルタントとして経験した一例に過ぎませんが、監査法人と監査を受ける企業の間ではこのような丁々発止のやり取りが日常的にあり、その多くでは適切な対応がとられているはずです。

しかしながら、たとえそれが一握りであったとしても、顧客企業の会計不正を見逃してしまえば、その会社を監査している監査法人に対する評価は地に落ちてしまいます。

そういった意味で、**監査法人は会計監査において、水も漏らさぬ対応が求められているのです。**

第5章

会計思考力でKPIを設定する

——戦略を実現するための業績評価指標

この章で身につける「武器」

- ☑ＫＰＩの基礎知識
- ☑会社のビジョン、戦略に合わせたＫＰＩの設定方法
- ☑ＫＰＩ導入時の落とし穴にはまらないためのコツ
- ☑目的に沿ったＫＰＩの選択方法

会計の数字を使って現場を変える

分析者の視点から経営者や管理者の視点へ

前章までのテーマは、煎じ詰めれば会計の数字からビジネスの現場で起こっていることをどう読み解くか、ということでした。つまり、ここまで説明してきた会計思考力をマスターできていれば、財務データを見ることで、その会社のビジネスモデルを把握し、経営課題を察知することができます。

では、会計の数字を使ってビジネスの現場を変えていくためには、どうすればよいのでしょうか。

ここで、私たちは外部分析者として会計の数字を使う立場から、会計の数字を戦略に活用して現場を変える、経営者や管理者の立場へと視点を変える必要があります。

とはいえ、第1章から第4章までで培ってきた会計思考力の基礎は、経営者や管理者の視点に立った場合にもとても重要です。特に、会計の数字から経営課題を見つけ出すスキルは、どちらの視点においても必ず求められる能力の1つです。

それに加えて、経営者や管理者の視点に立つ場合には、組織としての目標と整合するように、会計の数字を使った評価の仕組みを設計し、さらにＰＤＣＡサイクルを通じて必要な打ち手を講じることによって、組織をあるべき姿へと近づけていく能力が必要になります。

第5章、第6章では、会計の数字を戦略に活用して現場を変えるための方法として、**ＫＰＩ（業績評価指標）**の導入について考えていきます。

KPIとは？

ＫＰＩとは、英語の「Key Performance Indicator」の頭文字をとった略称で、日本語では**業績評価指標**や**重要業績指標**と呼ばれます。

この**ＫＰＩは、会社などの組織としての目標達成水準を測るための指標**です。会社の最終成果を測定する指標を**ＫＧＩ（Key Goal Indicator）**と呼ぶこともありますが、ＫＰＩとＫＧＩの区別は厳密なものではありませんから、本書では組織としての業績目標（数値目標）を示す指標を総称してＫＰＩと呼びたいと思います。

ＫＰＩは、その会社にとって重要な業績、成果の達成度合いを見るためのものです。したがって、ＫＰＩが目標水準をクリアしていれば、その会社は望ましい方向に向かっていると言えますし、もし達成できていなければ、なぜそうなってしまったのか、その原因を追及していくことで業績を改善していくことができます。

言ってみれば、ＫＰＩは会社にとっての健康診断の検査数値のようなものです。人間の場合、検査数値に異常が見つかれば、その原因を突き止め、それを改善するための薬が処方されたり、生活習慣の改善が求められたりします。会社の場合もそれと同じで、ＫＰＩの目標達成状況が悪ければ、その原因を改善することでビジネスがうまく回るように導くことができるわけです。

つまり、**ＫＰＩは、会社をあるべき姿へと向かわせるための羅針盤の働きをするもの**と考えてください。

会社のビジョン、経営方針とＫＰＩ

ＫＰＩを羅針盤として活用するためには、当然のことながら会社がめざすゴールと、向かうべき方向性（道筋）が明確に示されていなければなりません。

ゴールが示されていなければ、会社が向かうべき方向性がわかりませんし、方向性がわからなければ、どのようなＫＰＩを設定し、その目標水準をどのレベルに設定するのかがわからないからです。ここで、ゴールとは会社のビジョン（経営ビジョン）を、向かうべ

◉図表5-1　会社のビジョン、経営方針とKPI

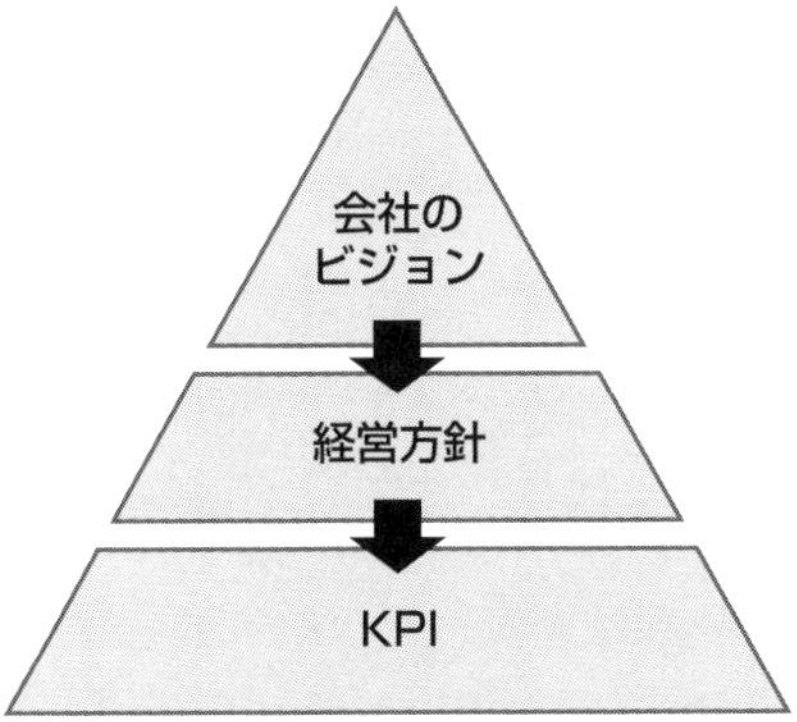

き方向性とは会社の経営方針を意味します。

また、**会社のビジョン、経営方針とＫＰＩは整合していなければなりません**（図表５－１）。いくら明確な経営方針が掲げられていても、それに合わせたＫＰＩが設定されていなければ、ビジネスを望ましい方向へと導くことはできないのです。

ＫＰＩの設定例として、食品メーカーの**カルビー**の事例を取り上げたいと思います（次ページの図表５－２）。カルビーのグループビジョンは、「顧客・取引先から、次に従業員とその家族から、そしてコミュニティから、最後に株主から尊敬され、賞賛され、そして愛される会社になる」となっています。

そして、経営の基本方針として掲げているのは、「継続的成長と高収益体質の実現」であり、それを支える経営方針の二本柱として「イノベーション（成長戦略）」と「コスト・リダクション（費用削減）」を挙げています。

つまり、カルビーは、継続的成長と高収益体質をイノベ

◉図表5-2　カルビーのグループビジョン、経営方針、KPI

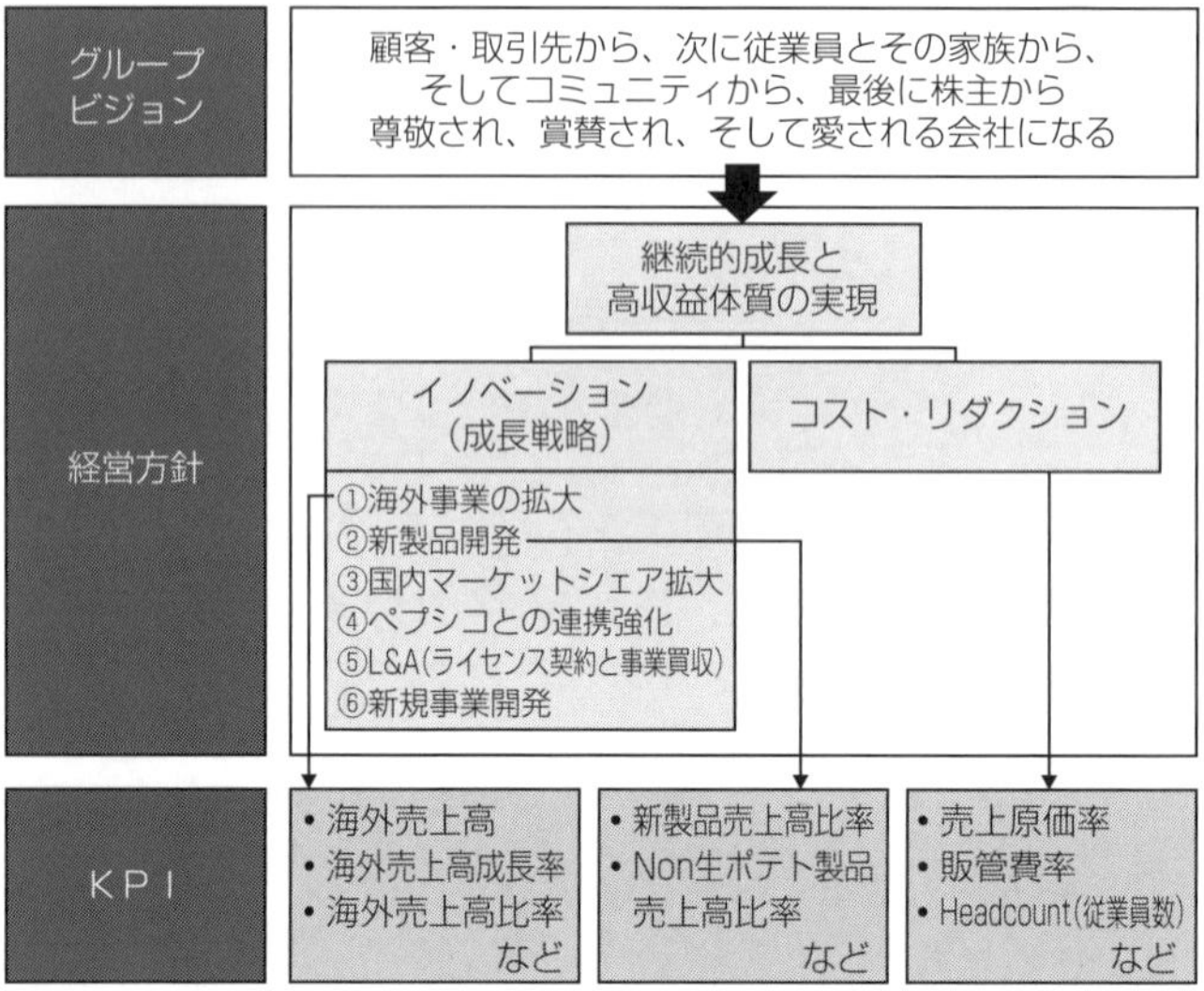

出所：カルビー株式会社ウェブサイトおよび雑誌記事などより筆者作成

ーションとコスト・リダクションにより実現することで、様々なステークホルダー（利害関係者）にとって素晴らしい会社になることをめざしていると解釈できます。

さらに、イノベーション（成長戦略）の具体的な内容（戦術）として、①海外事業の拡大、②新製品開発、③国内マーケットシェア拡大、④ペプシコとの連携強化、⑤L&A（ライセンス契約と事業買収）、⑥新規事業開発を挙げています。

重要なのは、こうしたビジョン、経営方針に対応する形でそれを実現できているかどうかを測るKPIを設定していることです。

例えばカルビーでは、「①海外事業の拡大」に対応する形で、海外売上高、海外売上高成長率、海外売上高比率などをＫＰＩとしています。また、「②新製品開発」に対応するＫＰＩとしては、新製品売上高比率やNon生ポテト製品売上高比率（ポテト系以外の製品売上高比率）などを設定しています。さらに、「コスト・リダクション」に対応するＫＰＩとしては、売上原価率、販管費率、Headcount（従業員数）などを設定しています。

このように、**会社のビジョン、経営方針、ＫＰＩが整合し、連動するような形になっていることが、ＫＰＩを使って会社をあるべき姿に導いていくうえで非常に重要**なのです。

■ＫＰＩと運営指標、行動指標との関係

ここまで説明してきたように、ＫＰＩはその組織が向かうべき方向性（経営方針）に対して、その目標を達成できているかどうかを測る指標です。ただし、ＫＰＩを設定しただけでは、目標を達成することはできません。

では、どうすればよいのでしょうか。

ＫＰＩの目標を達成するためには、どのような行動（アクション）が必要かを具体的に考えたうえで、その具体的な行動に結びつく指標にブレークダウンする必要があります。

本書では、このブレークダウンされた指標のことを**運営指標**と呼ぶことにします。また、

◉図表5-3　KPI、運営指標、行動指標の関係

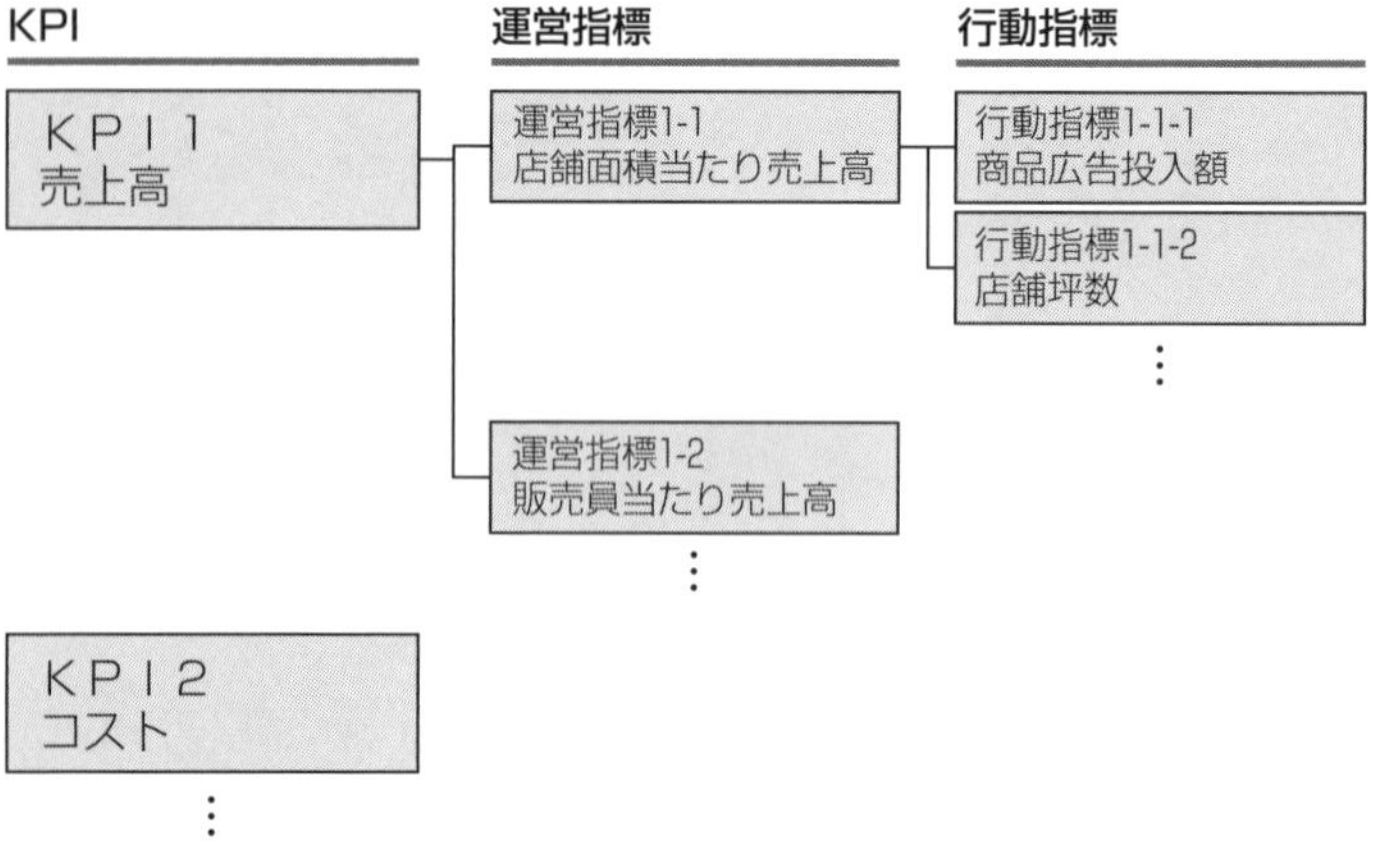

運営指標を高めていくために必要な行動（アクション）の達成度を測るための指標を、**行動指標**と呼びたいと思います。

ＫＰＩと運営指標、行動指標の間の関係は、図表５－３のように表すことができます。

運営指標へのブレークダウンの詳細については第６章で改めて取り扱いますが、どのような行動をとれば運営指標が上がり、最終的にＫＰＩの向上につながるのかがイメージできるレベルまでブレークダウンすることが重要です。

また、図表５－３には明示していませんが、ＫＰＩとして設定した「売上高」および「コスト」の上位には「利益」というＫＰＩがあるはずです。

このように、ＫＰＩ自体も階層構造を持つ可能性があることにも留意してください。

ＫＰＩマネジメントがなぜ重要なのか？

ＫＰＩを活用した経営、つまり**ＫＰＩマネジメント**がなぜ重要なのでしょうか。

ＫＰＩマネジメントには、大きく分けて、次の３つのメリットがあります。

①目標を達成する原動力となる
②異変が起こったときに素早く対応できる
③行動計画と実績の差を「見える化」できる

これらのＫＰＩマネジメントのメリットについて順に説明していきます。

目標を達成する原動力となる

１つ目のメリットは、会社が目標を達成していくときの原動力となることです。

おそらく、ＫＰＩマネジメントを導入しようとする経営者や管理者の多くは、このポイントを最も重要視しているのではないでしょうか。

会社を成長させ、利益を生み出していくためには、従業員に対して自社の目標を提示し、その目標を達成するよう促す必要があります。

ＫＰＩマネジメントは、設定した目標に従業員が立ち向かっていくプロセスにおいて、その原動力になります。

異変が起こったときに素早く対応できる

２つ目のメリットは、**ＫＰＩや運営指標が、何か経営上の異変が起こったときのシグナルになることです。**

経営上の異変を早めに察知することができれば、それに対する打ち手を素早く講じることができるため、異変によって生じるマイナスを最小限度に抑えることができます。

第６章でも詳しく述べますが、異変を察知するためにはＫＰＩや運営指標を年次で確認するだけではなく、月次や週次でも確認し、なぜ数字に異変が起きているのか、その原因を確認し、それに対する打ち手を講じる**ＰＤＣＡ（Plan Do Check Action）サイクル**をこまめに回していくことが重要です。

行動計画と実績の差を「見える化」できる

さらに、ＫＰＩや運営指標につながる行動指標を設定しておくことによって、当初計画していた行動がきちんと実施されているかを確認することができるようになります。行動の実績が計画どおりに進んでいない場合、なぜそうなっているのか（例えば、現場での営業人員が不足しているためにセールスの回数が計画どおりに進んでいない、など）を特定することで、本来あるべき行動計画の水準に引き戻すことが可能になります。

このように、**行動計画と実績の差を「見える化」することにより、現場での問題解決が行ないやすくなる**ことも、ＫＰＩマネジメントのメリットの１つです。

KPIマネジメントを導入するときの落とし穴

KPIを導入するにあたって発生しやすい失敗の原因としては、どのようなものがあるのでしょうか。

様々な失敗例がありますが、ここでは代表的な3つの失敗例を取り上げてみます。

会社のビジョン、経営方針とKPIが合っていない

1つ目の失敗例は、会社のビジョン（経営ビジョン）、経営方針とKPIの整合性がとれていないことによって、KPIマネジメントがうまくいかなくなるパターンです。

繰り返しになりますが、会社のビジョン、経営方針とKPIは整合していることが重要です。これらが整合していないと、従業員はそのようなKPIがなぜ設定されているのかがわかりませんので、それに向けて努力していこうという気持ちが醸成されにくくなってしまいます。

会社のビジョン、経営方針とＫＰＩがどのように結びついているのかを考え抜くと同時に、その関係性を従業員に対して丁寧に説明し、共有していくことが非常に重要です。

■ＫＰＩが運営指標や行動指標にブレークダウンされていない

２つ目は、ＫＰＩが運営指標や行動指標にブレークダウンされていないことにより問題が発生するパターンです。

ＫＰＩが運営指標や行動指標にブレークダウンされていないと、事業部門の現場の人たちは自分たちがどのようなアクションを起こし、どのような指標を高めていけばＫＰＩの目標を達成できるのか、イメージすることができません。

また、何かＫＰＩに異変が起こった場合に、その原因を把握するのが遅れて、結果として損失が大きくなってしまいます。

ＫＰＩを事業部門などの現場で機能させるためには、現場にマッチした運営指標や行動指標にブレークダウンしておかなければいけないのです。

KPIを導入したものの、PDCAサイクルを回していない

最後の失敗パターンは、KPIを導入してはみたものの、社内でPDCAサイクルが回っていない例です。

KPIは、それ自体を導入しただけでは何の効果も生まないと言っても過言ではありません。

KPIの目標達成に向けて従業員が一丸となって動くこと、そして何か問題があれば、それに対してアクションを起こして問題を解決していくことによって、KPIの目標は達成されるのです。

そのためには、社内でKPI、運営指標、行動指標を逐次チェックし、実現できていないものがあれば手を打つPDCAサイクルが欠かせません。

KPIマネジメントでは、PDCAを回すことは基本中の基本、と言えます。

どのようなＫＰＩを設定するか？

さて、ＫＰＩマネジメントを導入するとして、どのような指標をＫＰＩとして設定すればよいのでしょうか。

第３章でも様々な財務指標を取り上げましたが、ここでは、それらの指標も含めてＫＰＩに設定されることが多い指標について紹介していきます。また、どのような場合に、どのようなＫＰＩを設定すべきか、その考え方についても説明します。

■ＫＰＩとしての売上高、費用、営業利益、当期純利益、売上高利益率

最初に取り上げるのは、売上高、費用、営業利益、当期純利益、あるいはそれらを組み合わせて計算される売上高利益率です。そんな単純な指標でよいのかと思われるかもしれませんが、**単純だからこそＫＰＩとしてわかりやすく、機能させやすい**という側面があることを見逃してはいけません。

複雑なＫＰＩを導入し、従業員に対してその実現方法を検討させることは、従業員の会計リテラシー（会計を理解し活用する力）を高めていく過程では有効かもしれません。しかし、一方でＫＰＩに対する誤解を生み、結果として十分な成果を得ることができなければ、ＫＰＩを導入する意味がありません。難解なＫＰＩを導入することが目的なのではなく、成果を生み出すことがＫＰＩマネジメントの目的であることを忘れてはいけません。

あえて単純な指標をＫＰＩとして設定している代表格が、先に取り上げた**カルビー**です。２００９年に松本晃氏が会長兼ＣＥＯに就任する以前、カルビーでは万単位の数の指標データがあり、本当に重要な指標が見えなくなっていました。そこで、２０１１年から経営指標の健全化をめざすプロジェクトをスタートさせ、ＫＰＩの数を絞り込み、シンプルなものに変えていきました。

また、事業部門にとってもわかりやすいＫＰＩを設定しているのも、カルビーの特徴と言えるでしょう。松本氏はこの点について、「経営者にしかわからないような複雑な指標を使っても、いま何が起きているかがすぐにはわからない」と述べています。

このような点に留意して、カルビーでつくられたＫＰＩの一部を、図表５－４に示しています。マーケットシェアといった指標も含まれていますが、ＫＰＩのほとんどは売上高や利益など、わかりやすい指標で構成されています。

すでに述べましたが、これらのＫＰＩはカルビーのグループビジョン、経営方針と密接に結びついています。わかりやすい指標にこだわっているからこそ、グループビジョン、経営方針とKPIの間のつながりがわかりやすく、従業員に浸透しやすいとも言えます。特に、従業員の会計リテラシーがあまり高くない場合には、わかりやすい指標をKPIに設定するほうがよいでしょう。

◉図表5-4　カルビーのKPI（一部抜粋）

			Unit	Target
Growth（成長性）	連結売上高	売上高	億円	…
		成長率	%	…
	海外売上高	売上高	億円	…
		成長率	%	…
		売上高比率	%	…
	営業利益	利益	億円	…
		成長率	%	…
		利益率	%	…
	純利益	利益	億円	…
		成長率	%	…
Innovation（革新性）	新製品売上高比率		%	…
	Non生ポテト製品売上高比率		%	…
	Market Share	Snack	%	…
		PC	%	…
		Corn	%	…
		Cereal	%	…

出所：日経ビジネス（2016年6月13日号）より筆者作成

KPIとしてのROA、ROE、ROIC

第3章の106ページでも取り上げたROA（総資産利益率）、ROE（自己資本利益率）といった資本に対する収益性の財務指標をKPIとして設定する企業も増えています。

特に、ROEに関しては、2014年に公表された経済産業省による「持続的成長への競争力とインセンティブ～企業と投資家の望ましい関係構

◉図表5-5　ROICの計算式

$$\text{ROIC（投下資本利益率）} = \frac{\text{利益}}{\text{投下資本}} \times 100\ (\%)$$

◉図表5-6　投下資本の考え方

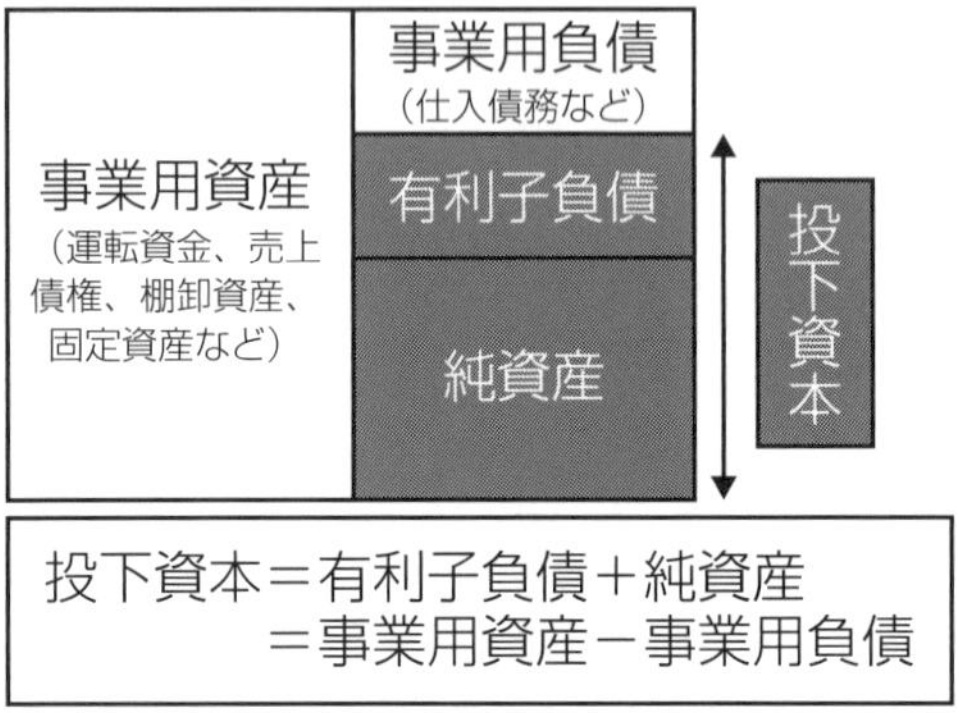

築～」プロジェクトの最終報告書（伊藤レポート）において、日本企業は最低限8%を上回るROEを達成すべきと提言されたことで、大きな注目を集めました。加えて、近年採用する企業が増えているのが、**ROIC（投下資本利益率）**です。

ROICの計算式は、図表5－5のように表され、分母に投下資本、分子には利益が入ります。

投下資本は、図表5－6の一番下に示したように、資金調達サイドで見れば有利子負債と純資産の合計となりますが、資金運用サイドから見れば事業用資産（運転資金、売上債権、棚卸資産、固定資産など）から事業用負債（仕入債務など）を差し引いたものとして認識することもできます（厳密には投下資本の計算にはより細かな調整が必要ですが、本書ではシンプルな算出方法を使用しています）。

また、利益としては、「税引後営業利益」を使うのが理論的には正しいとされています。これは、有利子負債の提供者である債権者と株主に帰属する利益は、税金を差し引いた後、かつ支払利息を差し引く前の利益が対応するという考え方に基づいているのですが、実際の企業では税引前営業利益や当期純利益を分子として使っているケースもあります。

ＲＯＩＣをＫＰＩとして採用している企業の代表格としては、**オムロン**が挙げられます。オムロンは、もともと資本に対する収益性を重要視しており、以前はＲＯＥをＫＰＩとして掲げていました。

しかし、第3章で取り上げたように、ＲＯＥは財務レバレッジを上げることでも高めることができるので、近年のオムロンでは、事業としての収益性をより公平に見ることができるＲＯＩＣをＫＰＩに設定しています。なお、オムロンのＲＯＩＣでは、分子の利益として当期純利益を使っています。

オムロンのＲＯＩＣを使ったマネジメントでユニークなのは、次ページの図表５－７に示すようなＲＯＩＣの「**翻訳式**」を使っているということです。オムロンにおけるＲＯＩＣは、図表５－７の上側に示すように、売上高当期純利益率と投下資本回転率に分解できます（これは、第3章のＲＯＡの分解式と同じ考え方です）。

◉図表5-7　オムロンにおけるROICの「翻訳式」

$$\mathrm{ROIC} = \frac{\text{当期純利益}}{\text{投下資本}}$$

$$= \frac{\text{当期純利益}}{\text{売上高}} \times \frac{\text{売上高}}{\text{投下資本}}$$

売上高当期純利益率　　投下資本回転率

$$\mathrm{ROIC} \fallingdotseq \frac{\text{お客様（ステークホルダー）への価値}\uparrow\uparrow}{\text{必要な経営資源}\uparrow+\text{滞留している経営資源}\downarrow}$$

出所：オムロン統合レポート2015より筆者作成

この分解式から考えると、短期的にＲＯＩＣを上げようと考えた場合、増加させるのに時間がかかる売上高を伸ばすより、費用を削減して利益を増加させて売上高利益率を高め、投下資本を減らして投下資本回転率を上げる方向に向かいがちです。

仮に経営方針としては成長を掲げていても、こうした指標を全面に押し出すと、**会社経営が縮小均衡に向かう危険性**をはらむことになります。

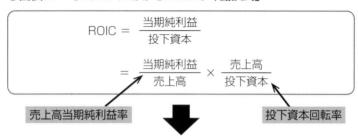

そこで、オムロンでは、このＲＯＩＣの式を図表５－７の下側のように「翻訳」しています。この「翻訳式」は、分母を増大させることになるとしても、それ以上に顧客（図では、お客様）への価値を上げることができる場合には、そのために必要な投資を行ない、その一方で経営資源が滞留してムダが発生している場合には、そのムダな経営資源を削減することによって、ＲＯＩＣを高められるという考え方を示したものです。

こうした考え方の適用例の１つとして、オムロンで

◉図表5-8　オムロンの業績推移

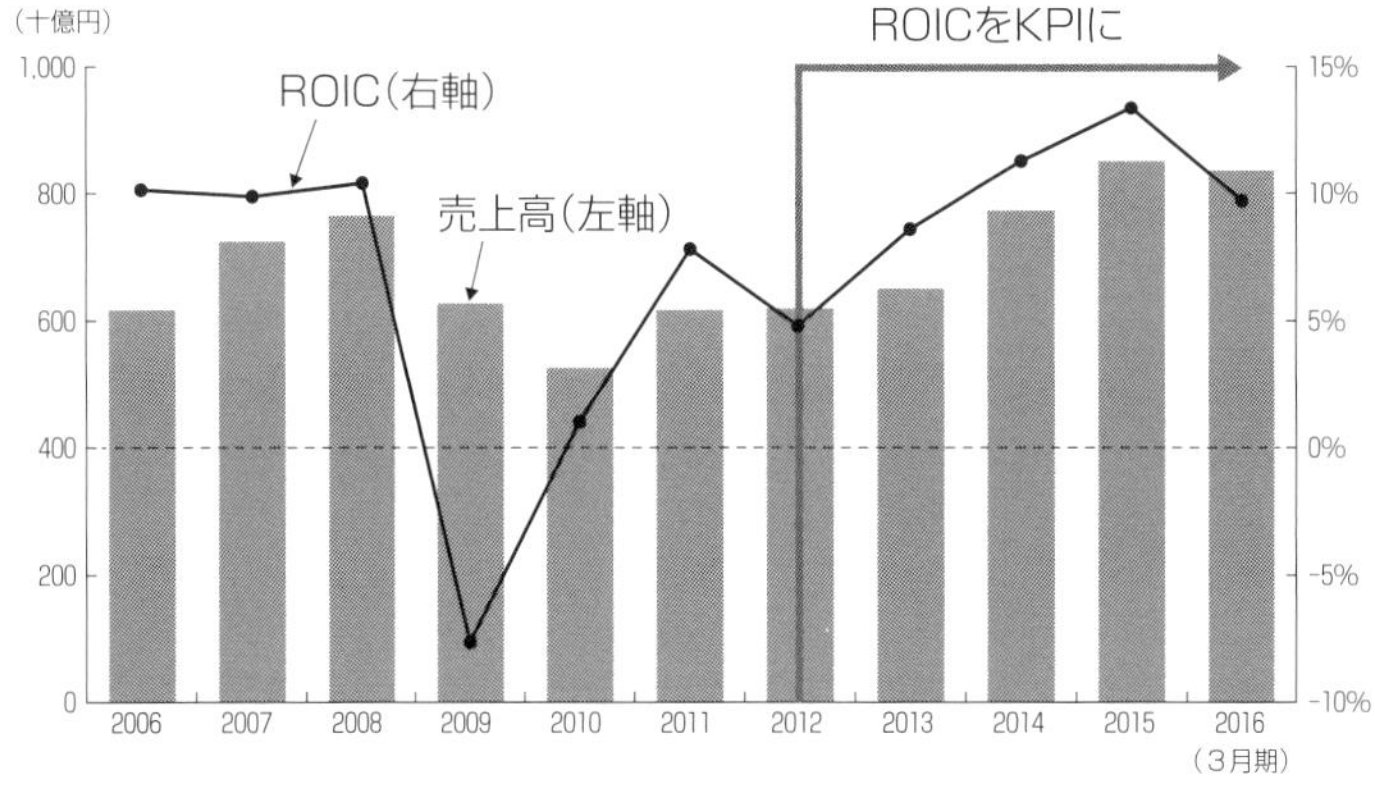

出所：オムロン統合レポート2016より筆者作成

は電子部品の製造設備の小型化を挙げています。

オムロンの代表的な製品の1つに「リレー」という電気回路の切り替えを行なう部品がありますが、こうした部品は搭載商品の需要の増減によって生産量が上下するため、設備増強の遅れや、逆に増強した設備の回転率の低下という問題が発生していました。

そこで、オムロンでは小型化した設備を小規模な単位で投下し（これが「必要な経営資源の投資」に相当します）、回転率の低下を招きやすい大型設備投資を控えています（これが「滞留している経営資源の削減」につながります）。

これによって、設備の回転率を下げることなく、需要拡大時には顧客への部品供給を途切れさせることがなくなり、顧客への価値が上がるというロジックが成立します。

このような「翻訳」は、ＲＯＩＣのような比率指標をＫＰＩに据えた場合に起こりやすい縮小均衡のワナに陥らないようにするための工夫として注目に値します。

最後に、実際のオムロンの売上高とＲＯＩＣの推移を見ていきます。前ページの図表５－８に示したように、ＲＯＩＣをＫＰＩに掲げた経営をスタートさせた２０１２年３月期以降、売上高、ＲＯＩＣともにそれ以前の水準と比較して伸びていることがわかります。

ＲＯＩＣをＫＰＩに設定したことだけが業績の向上に影響しているとは限りませんが、その一端を担っているのは間違いないでしょう。

ＫＰＩとしてのＣＣＣ

第３章でも説明したように、売上債権や棚卸資産の増大は、資本の運用効率の低下につながります。また、仕入債務については、その回転期間が長いほど、キャッシュ・フロー上有利になります。

こうした点に着目して設定されるＫＰＩが、**ＣＣＣ（キャッシュ・コンバージョン・サイクル、キャッシュ化速度）**です。ＣＣＣの計算式は、図表５－９のように表されます。

ＣＣＣは、企業が事業を行なううえで必要な原材料や商品の仕入に関する現金を支払ってから、最終的に売上が現金として回収されるまでの期間がどれくらいかかっているのか

●図表5-9　CCCの計算式

CCC＝売上債権回転期間＋棚卸資産回転期間－仕入債務回転期間

●図表5-10　日本電産のCCC

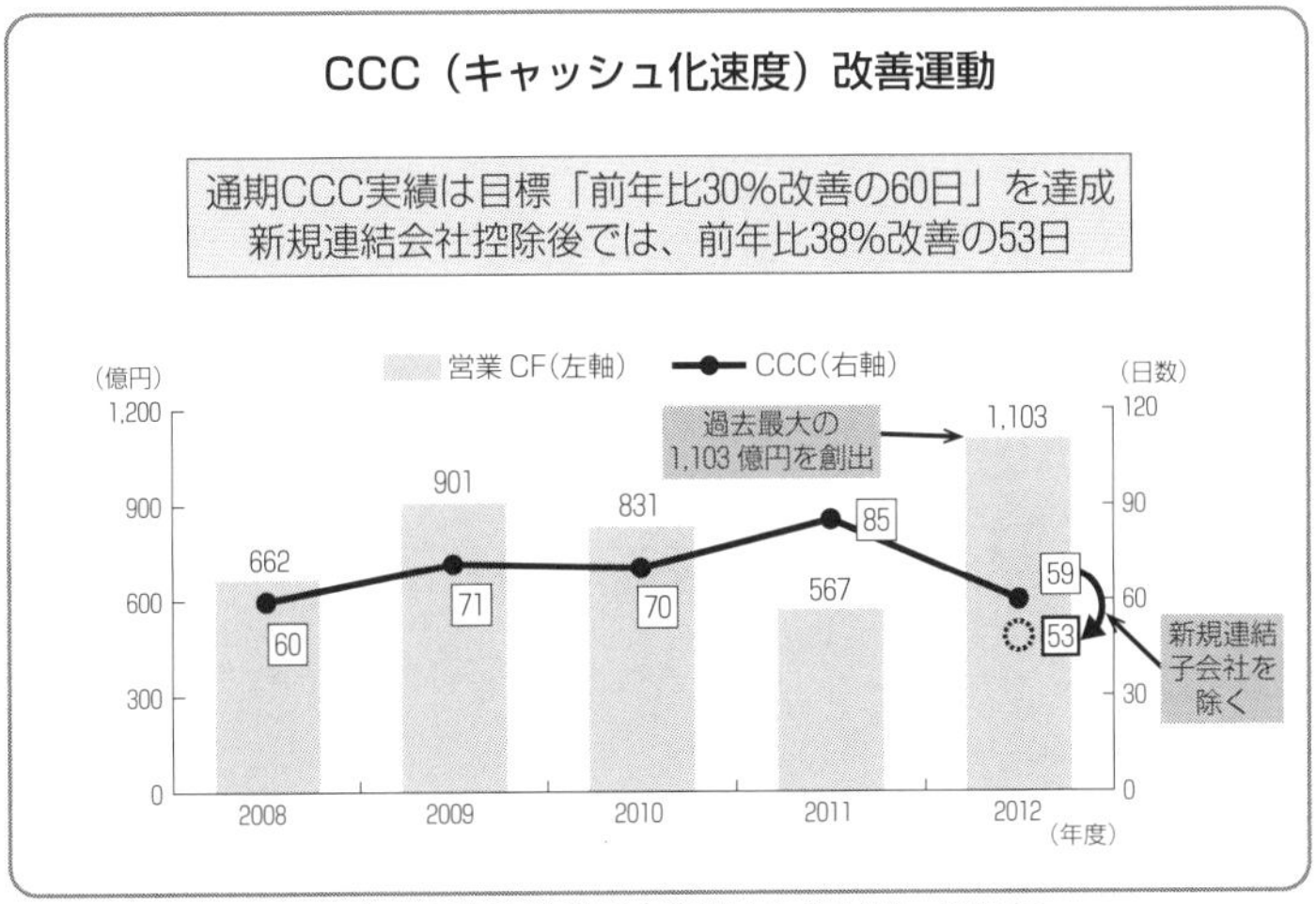

出所：日本電産 2013年3月期決算説明会資料より筆者が一部修正

を示す指標です。

このCCCを短縮することは、売上債権や棚卸資産という形となって寝ている現金を早期に回収することにつながるため、キャッシュ・フローに余裕ができることを意味します。

こうして生み出すことができた現金を、企業は借入金の返済などで財務体質の改善につなげたり、M&Aなどの新たな投資に回したりすることができます。

CCCをKPIとして取り入れている企業としては、精密機器や自動車向けのモーターを手がける**日本電産**が挙げられます。日本電産がCCCをKPI

に掲げたのが2012年度からですが、2012年度の日本電産の決算説明会資料（前ページの図表5－10）によると、2011年度に85日だったCCCは、2012年度には59日まで短縮されています。

これは、CCCの短縮によって当時（2012年度）の26日分の売上高に相当する約500億円の現金を生み出したことを意味します。実際、日本電産の営業キャッシュ・フロー（営業CF）は、2011年度に567億円だったのが、2012年度には過去最大の1103億円まで増加しています。この増加の多くは、CCCの短縮によってもたらされたものであると推測できます。

なお、日本電産は、CEOである永守重信氏が主導するM&Aの成功企業としても有名ですが、CCCの短縮によって生まれた手元資金を、将来のM&Aなどの投資に回せるようになっている点を見逃してはいけません。

KPIとしてのキャッシュ・フロー

キャッシュを稼ぐ力を重視する企業のなかには、キャッシュ・フローをKPIとして掲げる会社もあります。先ほど説明したように、CCCもキャッシュ・フローと密接に関わっている指標ですが、CCCは売上債権や棚卸資産の回収期間を短縮することによるキャッシュ創出にフォーカスを当てた指標です。

一方、キャッシュ・フローをKPIに設定すると、会社全体としてどれくらいのキャッシュを稼げているのかという視点を持つことになります。したがって、キャッシュ・フローには事業による利益創出と、資本効率の向上の双方が関係することになります。

キャッシュ・フローのKPIとしての活用方法をより具体的に見ていくために、**オリエンタルランド**の事例を取り上げます。

オリエンタルランドでは、近年の中期経営計画を発表するときに、その計画のなかで重視するKPIを盛り込んでいます。

具体的には、2008年3月期から2011年3月期までの「2010中期経営計画」では利益（営業利益および当期純利益）を、2012年3月期から2014年3月期までの「2013中期経営計画」ではフリー・キャッシュ・フロー（FCF）を、2015年3月期から2017年3月期までの「2016中期経営計画」では営業キャッシュ・フロー（営業CF）をKPIとして設定しています（次ページの図表5－11）。

第1章で説明したように、FCFは、営業で稼いだCF（営業CF）と、投資にかかったCF（投資CF）を合計したものです。通常、投資CFはマイナスですから、営業CFから純投資額を差し引いたものに相当します（ただし、オリエンタルランドでは独自の計算式に基づいて営業CFとFCFを算出しているため、オリエンタルランドが中期経営計

◉図表5-11　オリエンタルランドのキャッシュ・フローとKPIの推移

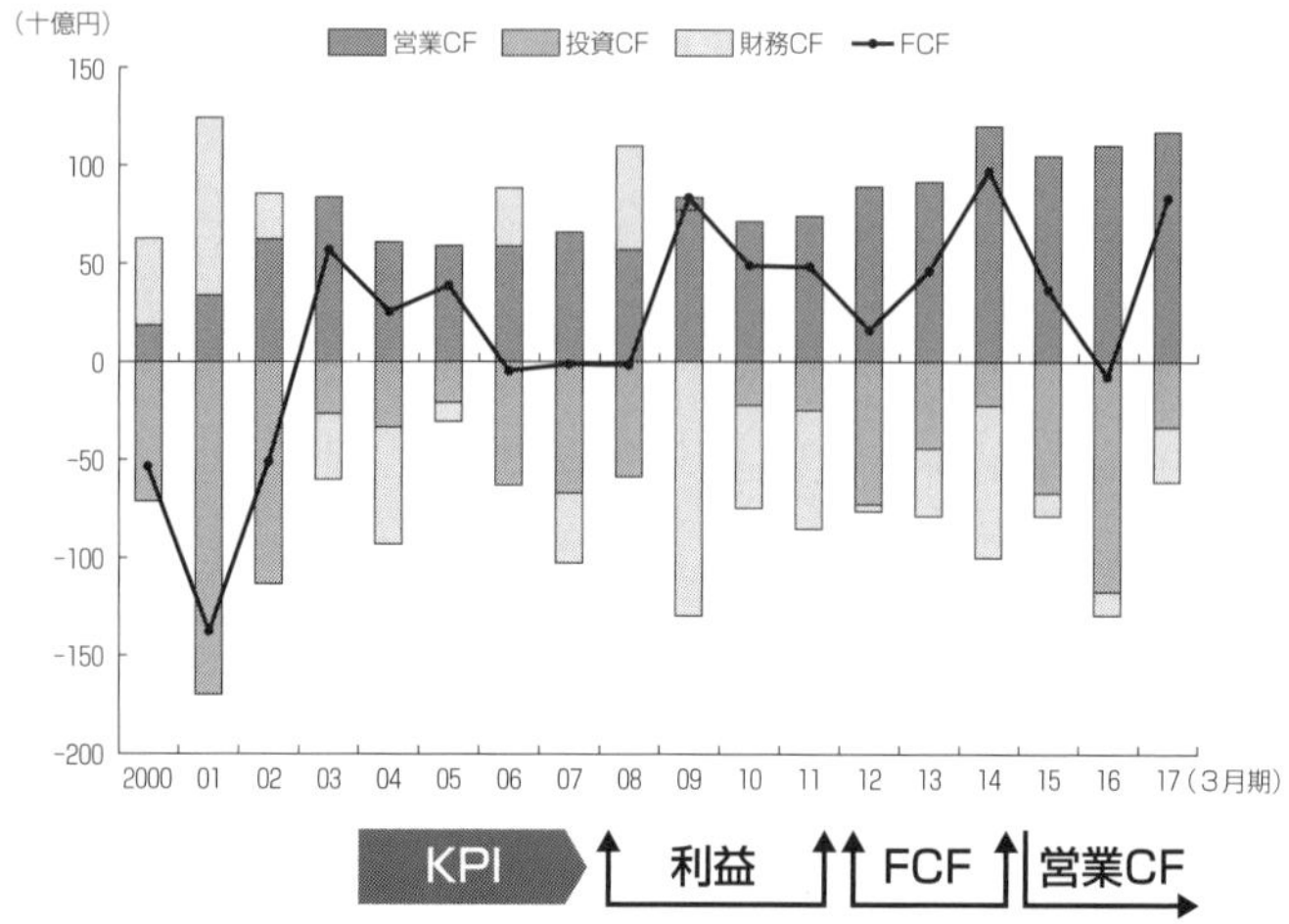

出所：オリエンタルランド決算説明会資料および有価証券報告書などより筆者作成

画で発表している数値は、連結キャッシュ・フロー計算書上のものとは少し異なります）。

このように、「2013中期経営計画」以降、オリエンタルランドではキャッシュ・フローをKPIとして掲げています。では、なぜ「2013中期経営計画」ではFCFを、「2016中期経営計画」以降では営業CFを重視しているのでしょうか。

その理由をひも解くために、オリエンタルランドにおける過去のキャッシュ・フローを確認することにしましょう。

図表5－11の2000年3月期から2002年3月期までのFCFを見てみると、毎年500億円から1500億円の赤字となっています（このFCFは連結キャッシ

ュ・フロー計算書に基づき計算しています）。この時期は、イクスピアリ、アンバサダーホテル、ディズニーシー、ホテルミラコスタといった大型施設を次々に開業した時期と一致しています。大型施設の開業に伴う大型投資により投資ＣＦが大きなマイナスとなったために、ＦＣＦが赤字になっています。

また、ディズニーランドホテルを開業した２００８年７月の直前の３期（２００６年３月期から２００８年３月期まで）もＦＣＦはかなり低い数字になっています。このことから、**大型投資を行なうときのＦＣＦは低い水準になる**ことがわかります。

しかしながら、２００９年３月期以降、オリエンタルランドのＦＣＦは大きく回復しています。新たな投資を抑えたことがその理由です。この期間、オリエンタルランドは新規投資よりも有利子負債の返済を優先して行なっており、実際に有利子負債の残高は２００８年３月期に２９４３億円だったのが、「２０１３中期経営計画」終了時点の２０１４年３月期には５８４億円まで削減されています。

ＦＣＦは投資を差し引いた後のキャッシュ・フローですから、**ＦＣＦが大きくなれば、それだけ負債の返済に回すことができるキャッシュが増えます。**この時期、オリエンタルランドはＫＰＩとしてＦＣＦを掲げることによって、負債の返済能力を高める方向に動いていたのです。

１８５ページで述べたように、その後、オリエンタルランドは、ＫＰＩをＦＣＦから営業ＣＦに切り替えています。これは、第2章で分析したオリエンタルランドの経営課題と密接に関係しています。

オリエンタルランドでは非常に高い収益性を実現できている一方、「パーク内の混雑が顧客満足度を低下させているのではないか」というのが第2章で説明した分析でした。これに対して、オリエンタルランドはパーク内への大型投資を計画しています。このような状況では、ＦＣＦをＫＰＩに据えることは、事業戦略との整合性の観点から言えば望ましくありません。そこで、オリエンタルランドは、営業ＣＦをＫＰＩとして設定することによって、投資余力を高めることをめざしているのです。

オリエンタルランドのＫＰＩ設定の巧みなところは、事業が置かれている環境によって、その指標を適切に変えているところにあります。負債の返済を進め、財務体質の改善を図りたい時期には、ＦＣＦをＫＰＩに掲げて負債の返済能力を高めています。一方、大型投資が必要な時期には、大きく低下することが予想されるＦＣＦではなく、営業ＣＦをＫＰＩとすることで投資余力を高める方向に動いています。

なお、２０１８年3月期以降の「２０２０中期経営計画」においても、オリエンタルランドでは過去最高の営業ＣＦをめざしています。ディズニーランドにおける「美女と野獣」をテーマとした新エリアの開設など、大型投資がまだまだ続くことがその理由だと推測されます。

◉図表5-12　EVAの計算式

$$\text{EVA} = \text{税引後営業利益} - \text{資本コスト}$$

$$= \text{営業利益} \times (1-\text{実効税率}) - \text{投下資本} \times \text{資本コスト率}$$

$$= \left\{ \frac{\text{営業利益} \times (1-\text{実効税率})}{\text{投下資本}} - \text{資本コスト率} \right\} \times \text{投下資本}$$

ROIC（← 分数部分を指す）

KPIとしてのEVA

EVA（経済的付加価値）は、アメリカのコンサルティング会社であるスターン・スチュアート社が開発したもので、２０００年代に入ったころから日本企業による採用が増えた経営指標です。ちなみに、ＥＶＡは、同社の登録商標となっています。

ＥＶＡの計算式は、図表５－12のように表されます。

ＥＶＡの正式な計算では様々な調整項目があるのですが、本書ではＥＶＡの特徴をつかみやすくするために最も簡便な計算式を使っています。

EVAは、一言で言えば、税引後営業利益から投下資本（有利子負債と純資産）のコストを差し引いたものです。

ここで、投下資本のコストとは、銀行や社債権者などの債権者、株主が企業に対して資金を提供するときに要求するコストです。例えば債権者の場合であれば、有利子負債の支払利息がそれに相当します。株主の場合にはもう少し話が複雑で、株主は配当によるリターン（**インカム・ゲイン**）と株価の値上がり益によるリターン（**キ**

ャピタル・ゲイン）の双方をコストとして要求することになります。

こうした株主に対する資本コスト率を計算する方法としては、**CAPM（資本資産評価モデル）**などがあります。また、企業全体の資本コストを求める場合には、有利子負債のコスト率と株主資本コスト率を加重平均して**WACC（加重平均資本コスト率）**を計算し、それを投下資本に掛け合わせるのですが、内容がやや複雑になりますので、詳細については割愛したいと思います。資本コストの詳細について知りたい方は、コーポレート・ファイナンスを取り扱った書籍を当たってみてください。

また、EVAを計算するときの利益としては、「税引後営業利益」を使用します。これは、ROICのところで説明したのと同じロジックによるものです。EVAの計算時に利益から差し引く資本コストは、有利子負債のコストと株主資本のコストですから、それらを差し引く前の利益としては、有利子負債や株主資本の提供者である債権者と株主に帰属する利益を使うべきという考え方に基づいています。つまり、税金を差し引いた後で、かつ支払利息を差し引く前の利益である税引後営業利益を使用することになります。この考え方を図式化したものが図表5-13です。

EVA（税引後営業利益から、債権者や株主といった企業への資金提供者に対するコストを差し引いた利益）がプラスであれば、企業はすべてのステークホルダー（利害関係者）からのコストを差し引いた状態で利益を生み出しているということになります。言い換え

◉図表5-13　EVAの考え方

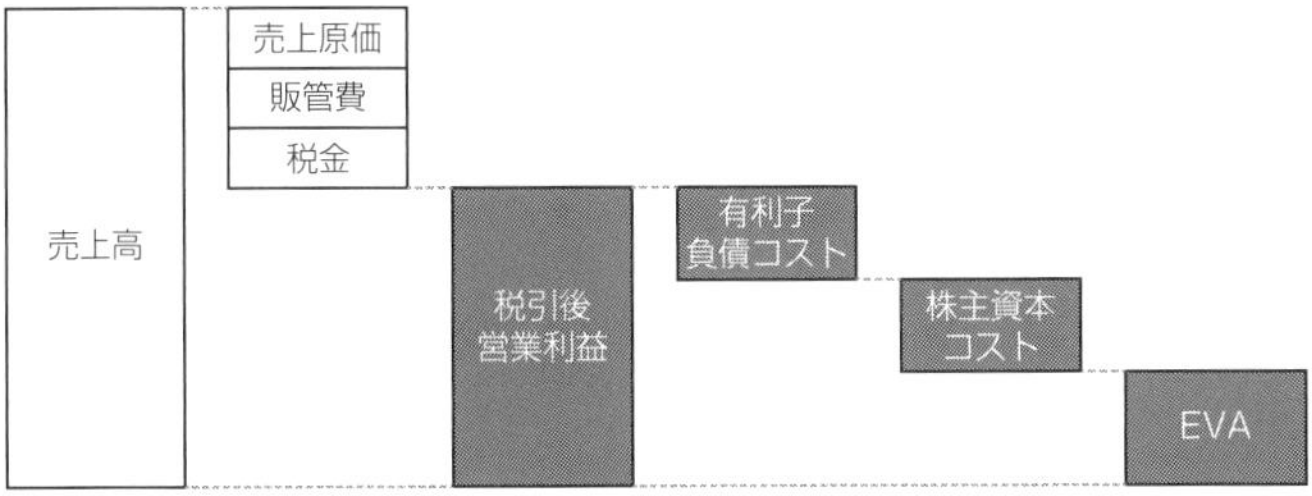

れば、**EVAがプラスの企業は、企業価値を増大させることができていることになります。**

なお、図表5－12の一番下の式に記載されているように、ＥＶＡは、税引後営業利益を分子としたＲＯＩＣ（投下資本利益率）から資本コスト率を引いた数値に、投下資本を掛け合わせたものであるとも言えます。

したがって、**資本コスト率と投下資本の額が変わらなければ、ROICを高めることによってEVAも上昇する**、という関係にあります。

ＥＶＡを導入している代表的な企業としては、第２章でも取り上げた消費財メーカーの**花王**が挙げられます。花王のＥＶＡ導入の歴史は長く、１９９９年からスターン・スチュアート社のコンサルティングの下、ＥＶＡを導入しています。花王は日本におけるＥＶＡ経営の草分け的存在です。

花王がＥＶＡを導入したのは、外国人株主から、資本コストやＥＶＡに関する質問が相次ぎ、経営のグローバルスタンダードとして資本コストを意識することが必要だと、当時の経営陣が考えたことが起点だったようです。

　また、当時の花王の財務諸表を見てみると、ＥＶＡの導入時期はキャッシュ・フローが潤沢だった時期とも一致しています。資本コストの考え方から言えば、余剰なキャッシュを保有するということは、それだけ余分な資本コストを抱えていることを意味します。

　これは、「**キャッシュはコスト**」という考え方です。花王では、ＥＶＡを導入することで社内に資本コストの意識を浸透させ、余分なキャッシュや在庫を削減することの意味を明確化したのです。

　図表５－14でＥＶＡ導入前後の花王における運用資産（＝現預金＋有価証券）の推移を見てみると、ＥＶＡ導入以後、その金額と総資産に占める割合が低下に転じていることがわかります。

　投資や株主への還元を進めることで、余分な運用資産を持たない姿勢に花王が転換した様子が見て取れます。

　図表５－15は、花王のＥＶＡの推移を表したものです。この図表から、ＥＶＡ導入後の２０００年３月期から２００６年３月期までの間は、ＥＶＡの数値が上昇していることがわかります。

　その後、２０１０年３月期までは、カネボウ買収やリーマンショックの影響が出たことにより、ＥＶＡの数値は一旦減少したものの、２０１１年３月期以降、また大きく上昇し

◉図表5-14　花王の運用資産の推移

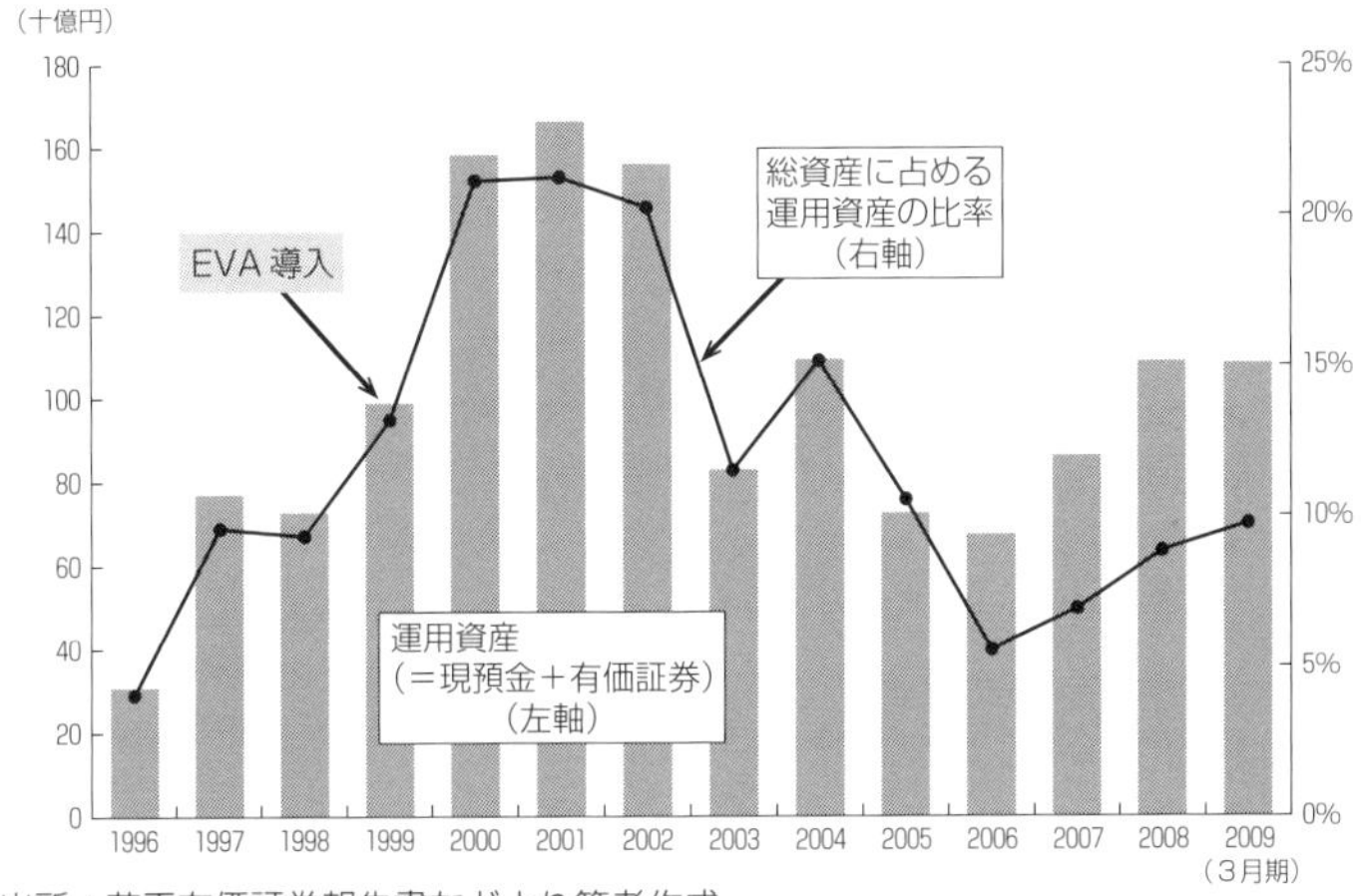

出所：花王有価証券報告書などより筆者作成

◉図表5-15　花王のEVAの推移

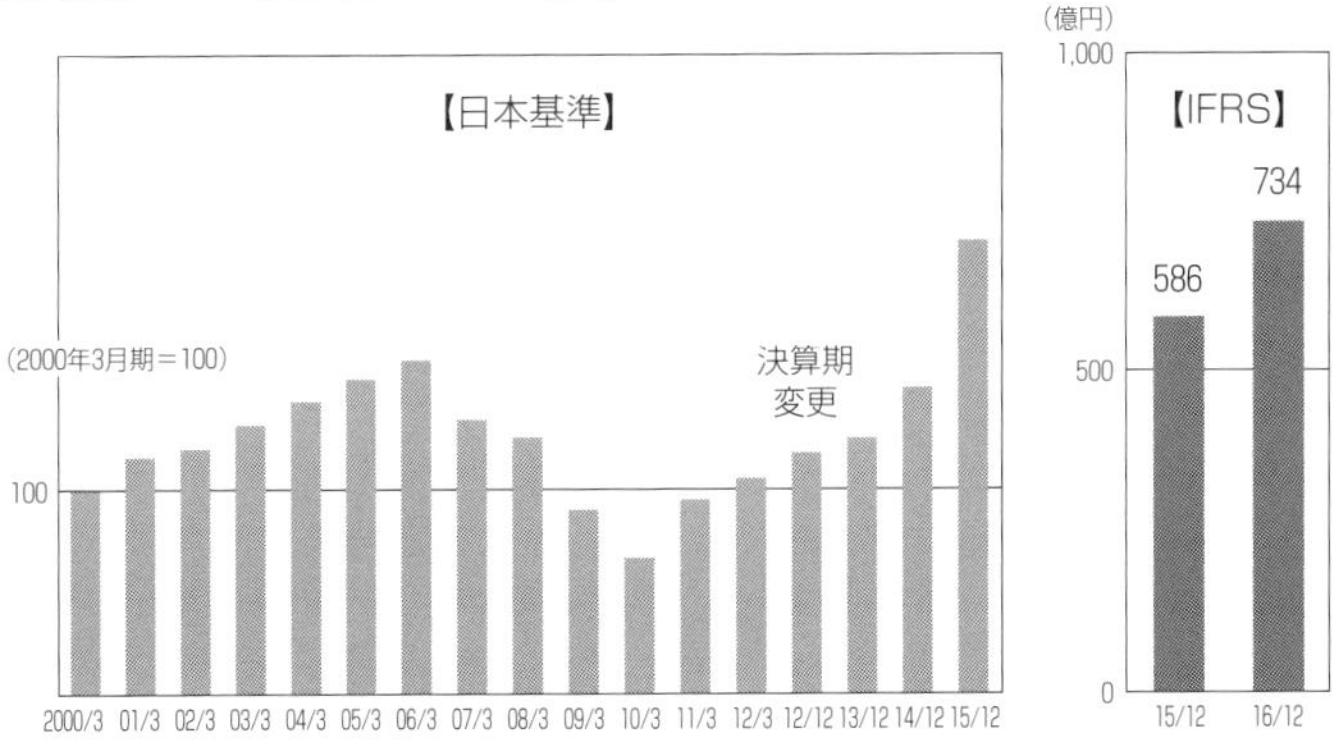

（1998年10月～Stern Stewart社のコンサルティング[日本での第１号顧客]
1999年４月～EVA適用スタート）

出所：花王講演資料（東京証券取引所 ニッポンの企業力「企業価値向上経営シンポジウム 2017」）

ています。

各指標をどのように活用すべきか?

ここまで売上高、費用、利益、売上高利益率、ROA、ROE、ROIC、CCC、キャッシュ・フロー、EVAと、様々なKPIの候補となりうる財務指標（経営指標）を見てきました。これらの指標のなかから、どの指標を選択するべきかについては、企業の状況によって異なってきます。

ここでは、それぞれの指標の特徴を整理し（図表5－16）、どのようなケースで、どの指標を選ぶべきなのかについて検討してみます。

売上高、利益、利益率などの指標は、P／LをベースにIした指標ですし、KPIに設定したときの事業部門への浸透しやすさで言えば一番でしょう。加えて、売上高、利益、利益率などはB／Sの視点が入りませんから、IT企業やアパレル産業など、比較的B／Sが軽い、軽量型のビジネスモデルを持つ企業に向いています。

ROA、ROE、ROICは、資本の視点を加味した収益性の指標です。それらの指標にはB／Sを踏まえた考え方が含まれていますし、EVAのところでも取り上げたように、ROICはEVAとも関連性がある指標ですから、ROICをKPIに設定することによ

◉図表5-16　各財務指標の特徴

指標	メリット	デメリット	どのような企業で使うべきか（例示）
売上高、費用、利益、売上高利益率	・現場でも理解しやすい	・B/Sの視点が入っていない	・ITやアパレルなどB/Sが軽い企業 ・ベンチャー企業などで成長力の重要性が高い場合
ROA、ROE、ROIC	・資本効率を踏まえた指標 ・規模が違う会社同士でも比較可能	・比率指標のため縮小均衡に向かいがち	・資本の効率性が非常に重要だが、資本コストの考え方を現場に浸透させることが難しい場合
CCC	・売上債権、棚卸資産の効率化にフォーカスされており、目的がわかりやすい	・売上債権、棚卸資産以外の効率性は見ていない ・収益性の視点が入っていない	・売上債権や棚卸資産の効率化により、キャッシュを生み出したい場合
キャッシュ・フロー	・キャッシュを稼ぐ力にフォーカスされていてわかりやすい ・金額指標のため、縮小均衡に向かいにくい	・B/Sをスリムにすることでもキャッシュ・フローは増加するが、そのメカニズムが現場ではわかりにくい	・新規投資や有利子負債の返済などのためにキャッシュを必要としている場合
EVA	・企業価値と連動する ・金額指標のため、縮小均衡に向かいにくい	・概念が難解で現場への導入が難しい ・目標を達成するうえでの裁量余地が大きい	・資本コスト、企業価値の考え方を社内に浸透させたい場合

り、企業価値の向上につなげていくことができます。

また、ＥＶＡの導入時に最も難しいことの１つは、資本コストの概念を事業部門に浸透させることなのですが、ＲＯＩＣであれば資本コストの考え方までを事業部門に持ち込む必要はありません。経営陣がＲＯＩＣとＥＶＡの考え方を理解し、それを踏まえてＲＯＩＣをＫＰＩに掲げることができれば、大きな設備投資を必要とする企業では威力を発揮します。

その一方、ＲＯＩＣをＫＰＩに掲げた場合、分子の利益を増やすための費用削減や、分母の投下資本を小さくするための資産削減に向かってしまい、縮小均衡に陥ってしまう可能性があります。オムロンの事例で説明した「翻訳式」（１８０ページ参照）のように、現場が縮小均衡のマインドに落ち込んでしまわないような仕掛けが必要になります。

ＣＣＣは、売上債権や棚卸資産といった営業に関する資産にフォーカスした指標です。売上債権や棚卸資産の効率化という目的がはっきりしていますので、事業部門に下ろすときも理解を得やすくなります。

一方で、それ以外の資産の効率性に関してはこの指標の枠外ですし、収益性の視点もここには含まれていませんから、特に売上債権や棚卸資産の効率化によってキャッシュを生み出したいときに使うべき指標であると言えます。

キャッシュ・フローについては、キャッシュを稼ぐ力を測る指標という意味では一番わかりやすい指標と言えます。特に、有利子負債の削減や新たな投資を行なうために必要な金額が明確になっている場合、キャッシュ・フローの目標値はそれに直結します。

また、キャッシュ・フローは比率指標ではなく**金額指標**ですので、縮小均衡に向かいにくいという特長もあります。キャッシュ・フローはその名のとおり、お金の流れを表しますが、B／Sの売上債権や棚卸資産を効率化することでも、利益を増やすことでも、キャッシュ・フローを増加させることができます。

つまり、キャッシュ・フローを増やすための方法は複数あるということです。したがって、どのようなルートでキャッシュを生み出していくのか、その道筋について、事業部門に対してきちんとコミュニケーションを図ることが重要です。

ＥＶＡも、キャッシュ・フローと同じく金額指標であるため、成長性の視点が加味されています。しかも、資本コストの概念も盛り込まれているため、資本の効率性の視点も入っており、企業価値との連動性も高い指標であると言えます。

こうした様々な視点がＥＶＡには盛り込まれているため、単一指標で一貫した管理が行ないやすいというのも、ＥＶＡの大きな特長の１つです。

しかしながら、こうした様々な視点が入っていることが、ＥＶＡの弱点でもあります。１９９ページのコラム「コンサル・ファイル５」でも触れますが、その考え方が難しいということが、ＥＶＡによるマネジメントを導入するときの最大の問題点です。

また、ＥＶＡを高めるための方法も多岐にわたるため、目標を達成していくまでの道筋に関して、裁量の余地が大きくなります。

資本コストや企業価値の考え方を社内に浸透させたいときには、**ＥＶＡは非常によい指標ですが、導入にあたっては社内での研修・教育活動などにかなり時間を割かないと浸透は難しいことを念頭に置く必要があります。**

コンサル File5

ＥＶＡ導入の難しさ

以前、ある会社から「ＥＶＡの導入を手伝ってほしい」という依頼を受けたことがあります。その会社は非上場だったため、それまで経営において株主視点があまり意識されていませんでした。しかし、株式上場を間近に控えていたために、株主を意識した経営を根づかせたいと、ＥＶＡの導入を検討していたのです。

本章中でも述べたように、ＥＶＡはそもそも指標の持つ意味を理解することが難しく、ＫＰＩとして導入する難易度が高い指標ですが、上場を前にして株主の視点を経営に取り入れることは重要ですから、社内での研修などをしっかりと行なうことを条件に、その依頼を引き受けました。

なお、１８９ページで説明したように、ＥＶＡはスターン・スチュアート社の登録商標ですから、正確にはＥＶＡに類する資本コストを加味した経営指標の導入を手伝ってほしいというのがその会社からの依頼でした（ここでは用語の混乱を避けるため、あえてＥＶＡという名称を使いますが、実際には別の名称で社内導入を行ないました）。

少々余談にはなりますが、ＥＶＡという名前を使わず、それに類する指標を経営指標として取り入れている会社は複数あります。例えば、**パナソニック**では**CCM（キャピタル・コスト・マネジメント）**という指標を導入しています。名称は違いますが、考え方としてはEVAに近い指標です。

EVA導入のコンサルティングを依頼してきた会社は、もともと事業部制をとっていましたし、管理会計上、事業部門別のB／S、P／Lをすでに作成していたこともあり、事業部門ごとにEVAを導入したいという意向を持っていました。

そこで問題になったのは、事業部門ごとの資本コストをどのように設定すべきか、という点です。非上場企業の場合、そもそも全社ベースでの資本コストの計算も難しい部分があるのですが、それでも事業特性の似た上場企業のデータを使うことで、擬似的に全社ベースの資本コストを計算することはできます。しかしさらに難しいのは、その全社ベースの資本コストを、どのようにそれぞれの事業部門へ配分するかという点です。

基本的には、事業のリスクが高い事業部門ほど、配分する資本コストは大きくなります。いわゆる、「ハイリスク・ハイリターン」の原則です。この原則にしたがって考えれば、高い事業リスクを持つ事業部門には高い資本コストを、事業リスクの低い事業部門には低い資本コストを割り当てることになります。

各事業部門における過去の業績のバラツキ（不確実性）を測定することで、事業部門ごとの事業リスクをある程度推測することが可能なので、その事業リスクの大小に基づいて資本コストを配分します。

もちろん、すべての事業部門の事業リスクが似通っていれば、各事業部門に一律の資本コスト率を課すこともできますが、事業部門間のリスクが大きく異なる場合には、そういうわけにもいきません。

様々な視点で各事業のリスクを考えたうえで、最終的には「エイヤ！」で各事業部門の資本コスト率を設定せざるをえない場合も多いのです。

先ほど挙げたパナソニックの場合も、CCM（EVAに近い指標）を導入した当時は各事業部門の資本コスト率を一律8・4％に設定していましたが、2015年4月からは各事業部門の特性に応じて5～15％の間で差をつけるようにしています。

また、本章のなかでも触れましたが、EVA導入で最も難しいのは、それを社内に浸透させることです。実際、EVA導入時に、コンサルティングを依頼してきた会社の経営陣や事業部門の幹部にその内容を説明しているときに感じたのは、EVA導入には4つの「カベ」（次ページの図表5－17）があるということです。

1つ目のカベは、EVAという指標そのものの考え方に関する「**EVA概念のカベ**」です。「そもそも、なぜ売上高などのようなP／Lをベースにした指標による管理ではなくEVAなのか」「EVA導入で得られるメリットは何なのか」について理解してもらわなければなりません。

◉図表5-17　EVA導入時に突き当たる４つの「カベ」

	想定される社内からの反応
EVA概念のカベ	・なぜEVAを導入しなければならないのか？ －EVAはこれまでの財務指標と何が違うのか？ －EVAを導入することで、どのようなメリットが得られるのか？
資本コストのカベ	・資本コストはどのように計算されるのか？ －株主資本コストとは何か？ －なぜWACC（加重平均資本コスト）を計算するのか？ －そもそも、この計算方法は正しいのか？
納得感のカベ	・EVAの数値に納得感がない ・自分の事業部門のEVAがなぜこんなに悪いのか納得できない ・やはり売上高（営業利益）のほうが馴染みがある ・本社の資本政策が自分の事業部門の業績に影響を与えるのが納得できない
コントロールのカベ	・どんどん事業部門にお金をつぎ込んでくれればEVAは上がる ・本社からは成長が求められているが、EVAを高めるには有望な成長事業からの撤退もやむをえない ・刈り取り戦略に徹すればEVAは上がる

２つ目のカベは、**「資本コストのカベ」**です。

資本コストは、CAPM（資本資産評価モデル）などで株主資本コストを計算し、それと有利子負債コストを加重平均して全社の資本コストであるWACC（加重平均資本コスト）を算出するのですが、「そもそも、株主資本コストとは何か」という点を事業部門に理解してもらうだけでもかなりの時間と手間がかかります。

これらの2つのカベを乗り越えてEVAの算出にこぎ着けたとしても、出てきたEVAの数値に納得感が生まれるとは限りません。むしろ、これまで使用してきたP／Lベースの数値とは異質のものであるため、「納得できない」という意見のほうが多くなるでしょう。これが3つ目の「**納得感のカベ**」です。

また、事業部門に資本政策に関する意思決定権がないため、「なぜ本社の資本政策で決まった資本コストが事業部門に適用されるのか」といった反論も乗り越えていかなければなりません。

そして、最後に乗り越えなければならないのが、「**コントロールのカベ**」です。本章のなかでも触れましたが、一口で「ＥＶＡを高めなさい」と言っても、ＥＶＡには様々な高め方があるため、事業部門にとっては大きな裁量の余地が残ります。

例えば、経営陣としてはその事業部門に対して、有望な事業に積極投資を行ない、成長によるＥＶＡの増加をめざしてほしいと考えていたとしても、事業部門は投資を抑制し、縮小均衡に向かってしまうかもしれません。

こうした4つのカベをクリアしていくためには、導入時点において経営陣や事業部門がＥＶＡについて適切に理解できるよう、丁寧に説明していくことが必要なのはもちろんですが、より重要なのは、そうした取り組みを長い時間をかけて継続していくことです。

ＥＶＡのような指標を導入して20年近くが経過した花王やパナソニックであっても、現場での理解度は必ずしも高くはないと、それぞれの経営者も述べています。

ＥＶＡには、企業価値を向上させるために、単一指標で一貫した管理を行なうことができる、という大きなメリットはありますが、それを現場も含めた全社的なマネジメントに活かしていくには、粘り強い活動の継続が必要になります。

第6章

会計思考力でＫＰＩを現場に落とし込む

―数字を実際に使ってビジネスを動かす方法

この章で身につける「武器」

☑ＫＰＩを機能させるための運用のコツ
☑ＫＰＩをブレークダウンする方法
☑数値目標の設定方法
☑ＫＰＩを活用したＰＤＣＡの回し方
☑事業部門にＫＰＩを浸透させる方法

KPIを導入するだけでは現場は動かない

なぜ現場は冷めてしまうのか？

ここまで本書を読み進めてきて、「KPIを経営に取り入れたい」と考えている読者もいらっしゃるでしょう。

実際、前章でも取り上げたように、「EVAなどの指標を経営に活かしたいので、その導入を手伝ってほしい」と考えるクライアント企業は少なくありません。

しかしながら、KPIを導入したものの、現場を変えるには至らず、「絵に描いた餅」のような状態に陥ってしまうケースが多いことも事実です。

ある会社の事例を紹介しましょう。その会社は、日本を代表する大手企業の1つで、各事業部門にKPIマネジメントを導入しようとしていました。

KPIマネジメントの導入を主導していたのは、その会社の経営企画部門です。その会社でKPIの導入が進められているとき、私はその会社の事業部門のスタッフからある相談を受けました。

その相談の内容は、「社内でＫＰＩ導入の説明会があり、『とにかく来年度から事業部門のＫＰＩを設定しろ』と言われている。しかし、ＫＰＩ設定の目的やゴールもわからないし、どうしたらよいだろうか」というものでした。

その担当者の話から私が感じたのは、ＫＰＩ導入に対する困惑であり、そこにはＫＰＩを導入することで事業部門の状況がよくなるだろう、という希望を感じ取ることはできませんでした。

言うまでもなく、ＫＰＩの導入はそれ自体が目的ではありません。あくまでも、**ＫＰＩを導入することでマネジメントをよりよい方向に変えていくことが目的**です。

先ほどの大手企業の事例では、残念ながら、ＫＰＩを導入することが目的化してしまったために、現場は困惑するばかりで、ＫＰＩが事業部門にとっては余計な仕事を増やす「悪者」になってしまいました。

こんな事態に陥らないようにするためには、どうすればよいのでしょうか？

■ＫＰＩを機能させるために必要な５つのポイント

ＫＰＩを活用したマネジメントに現場をうまく巻き込んでいくためには、注意しておくべきポイントが５つあります。

①ＫＰＩを運営指標、行動指標にブレークダウンすること
②数値目標の水準を適切に設定すること
③ＫＰＩのシステムを複雑にしすぎないこと
④ＰＤＣＡ（Plan Do Check Action）を回す仕組みをつくること
⑤経営企画部門と事業部門のコミュニケーションを適切に行なうこと

本章では、これら5つのポイントについて取り上げ、ＫＰＩを活用したマネジメントに現場を巻き込み、ＫＰＩを機能させるための方法について説明していきます。

ＫＰＩをブレークダウンする

ＫＰＩを運営指標に落とし込む

前章でも述べたように、ＫＰＩは組織全体としての目標（数値目標）が達成できているかどうかを測るための経営指標です。全社レベルでのＫＰＩと目標を設定したら、それを各事業部門に配分し、部門ごとのＫＰＩとその目標値を設定します。

しかしながら、ただ単にＫＰＩと目標値（目標水準）を掲げただけでは、事業部門は実際にどのようにして数値目標を達成すればよいのかわかりません。ですから、ＫＰＩを事業部門内での行動に結びつきやすい指標、つまり運営指標にブレークダウンする必要があるのです。

では、ＫＰＩをどのようにして運営指標にブレークダウンすればよいのでしょうか。ここで、前章でも取り上げた、オムロンの事例を用いて説明しましょう。

次ページに掲載した図表６－１は、**オムロン**が「ＲＯＩＣ経営２・０」において活用している「**ＲＯＩＣ逆ツリー**」です。

◉図表6-1　オムロンのROIC逆ツリー

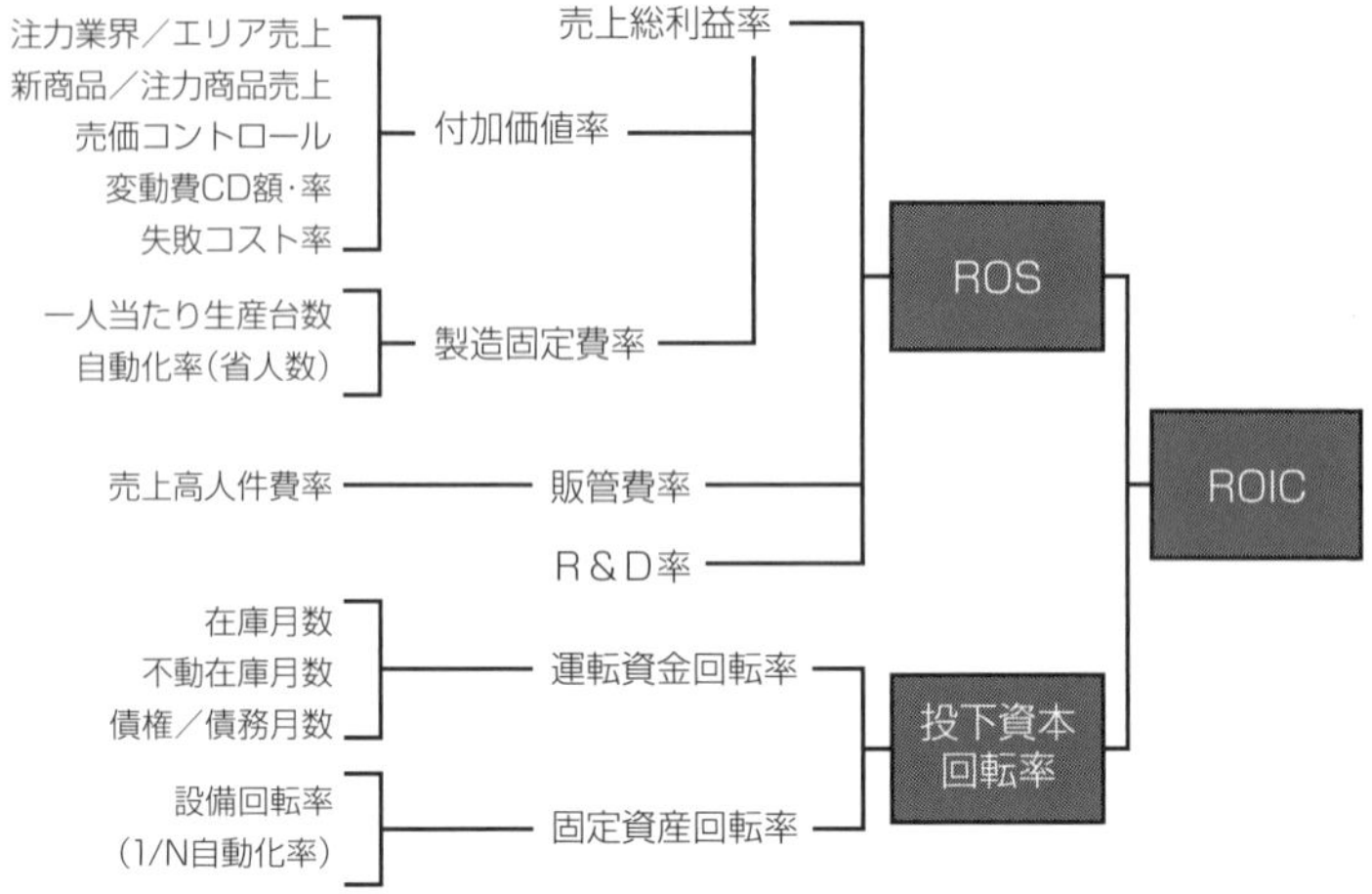

出所：オムロン統合レポート2015より筆者作成

これによれば、オムロンが目標として設定したKPIであるROICが、ブレークダウンする前の指標として一番右に提示されています（なお、オムロンではKPIという名称を、本書での運営指標に当たる指標を指して使っていますが、混乱を避けるために本書での定義にしたがって見ていきます）。

このROIC逆ツリーでは、ROICは売上高利益率（ROS）と投下資本回転率の2つの指標に分解されています。さらに、ROSと投下資本回転率は様々な指標に分解されていき、最終的には一番左側に記載されている12の運営指標へとブレークダウンされています。

KPIをブレークダウンしていくときの基本的な考え方は、上位にある指標を構成している要素に分解していくことです。

ただし、その要素が多岐にわたる場合には、重要性の高いものを残していきます。

例えば、ＲＯＩＣ逆ツリーでは、投下資本回転率は、運転資金回転率と固定資産回転率に分解されています。理屈のうえでは、投下資本回転率にはそれ以外の資産の回転率も関係していますが、ここでは事業部門レベルで重要な運転資金（運転資本）と固定資産に絞った形でブレークダウンされています。２２０ページで説明する、ＫＰＩのシステムを複雑にしすぎないこととも関連しますが、**事業特性や戦略的な観点から、重要性の高いものに絞り込んでブレークダウンしていく**ことが求められます。

最終的には、運営レベルでの行動に結びつきやすいレベルまで指標のブレークダウンを続けていきます。先ほど出てきた運転資金回転率は、在庫月数（棚卸資産回転期間）、不動在庫月数、債権／債務月数（売上債権回転期間、仕入債務回転期間）といった指標にブレークダウンされています。

このレベルにまでブレークダウンすれば、事業部門として棚卸資産や売上債権などを適切にコントロールすることによって、運転資金回転率が上がり、それが投下資本回転率の向上、ひいてはＲＯＩＣの増加につながることがわかります。運営指標を検討するときには、事業運営レベルにおいて、何をどう動かせば最終的なＫＰＩの目標達成につながるのかがわかるレベルまでブレークダウンしなければなりません。

なお、部門によっては、ＫＰＩをそのままの形では運営指標レベルにブレークダウンしにくい場合があるかもしれません。特に、間接部門に展開する場合には、単純な指標分解で運営指標をつくることが難しいケースがほとんどでしょう。その場合には、第5章のオムロンの事例のところでも取り上げたように、ＫＰＩを上げるための考え方を大胆に「翻訳」してわかりやすくし、それに基づいて運営指標を設定することも必要になってきます。

行動指標を設定する

運営指標までブレークダウンしたら、次に運営指標に結びつくアクションに関して行動指標を設定します。例えば、営業部門において、取引先への訪問回数が多くなるほど、その取引先からの売上や利益が増えるという因果関係が確認できれば、訪問回数を行動指標として設定することができます。

このような行動指標と運営指標の関係を調べたいときには、エクセルを用いて散布図を描き、行動指標の候補と運営指標の間の相関関係を分析します。その分析結果は、行動指標を決定するうえでの参考にすることができます。具体例を挙げて説明しましょう。

図表6－2は、ある小売業における行動指標の候補を探るために、各販売員の給与を横軸に、各販売員の売上高（運営指標）を縦軸にとり、それぞれの関係を散布図にして表したものです。

◉図表6-2　指標間の相関分析（例）

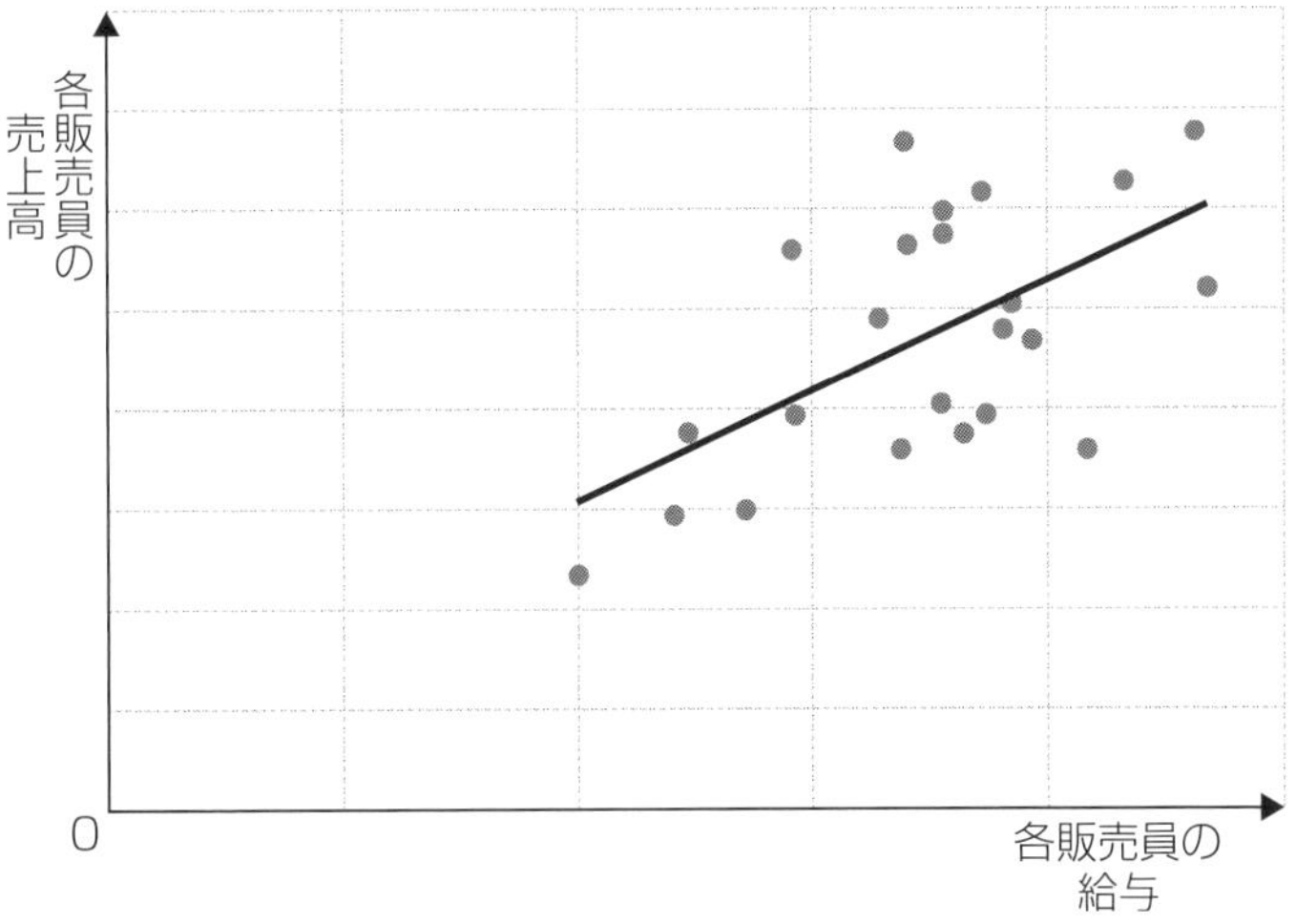

相関の度合いは必ずしも高くはありませんが、各販売員の給与と、運営指標である各販売員の売上高の間には、正の相関（給与が高い販売員は高い売上高を上げているという関係）がありそうです。

しかし、このように各販売員の給与と各販売員の売上高との間に相関関係が見られたとしても、各販売員の給与を上げれば、必ず売上高が上がるという因果関係を示しているわけではない点に注意が必要です。

例えば、各販売員の給与が販売員の熟練度を表す変数（代理変数）になっており、熟練度の高い販売員ほど高い売上を上げることができているならば、熟練度の高い販売員を増やせば業績が向上する可能性が高まります。

だとすれば、熟練度の高い販売員の比率を行動指標とし、中途採用や研修・教育などを通じて行動指標を高め、それによって売上高を高めるという目標を達成するシナリオを描くことができます。

ただし、販売員の給与体系が、いわゆる歩合制のような仕組みになっているとすれば、そもそもの因果関係が逆になっている可能性を考えなければいけません。その場合、前ページの図表6－2の散布図は、高い売上高を上げている販売員に対して高い給与が支払われているという関係を示しているに過ぎません。

このようなケースでは、各販売員の給与が各販売員の売上高に影響を及ぼす変数である、と短絡的に解釈してはいけません。業績が高い販売員の持つ本質的な特徴が何なのか、改めて分析を行なう必要が出てきます。

このように、**運営指標との相関関係を分析することは行動指標を設定するうえで参考になりますが、因果関係がどうなっているのか、実際の状況を確かめないと方向性を大きく見誤ることになりかねない点には注意が必要です。**

数値目標の水準を設定する

ストレッチし、かつ実現可能な水準

ＫＰＩや運営指標を決めた後に考えなければならないのは、数値目標の水準（目標値）をどこに設定するかです。キャッシュ・フロー系の指標をＫＰＩに据えた場合は、目標水準を明確にしやすいでしょう。例えば、ＦＣＦ（フリー・キャッシュ・フロー）をＫＰＩとして設定する場合には、有利子負債の必要返済額から目標を決めるのが妥当でしょうし、営業ＣＦの場合であれば毎年必要となる投資額が目標設定の目安になります。

一方、それ以外の指標に関しては、何か正解があるわけではありません。市場、競合、自社の状況を総合的に勘案して目標水準を設定していくことになります。

そのなかでも、一般的に意識しておくべき点は、**目標が「ストレッチ（引き伸ばし）し、かつ実現可能な水準」になっているかどうか**ということです。

目標は、明らかに実現可能で安易な水準では意味がありません。様々な努力によって業績を伸ばした先にある、ストレッチした目標であることが必要です。だからと言って、高望みしすぎる目標を提示してしまうと、事業部門は「こんな目標を達成するのは無理だ」と思ってしまいます。これは、ＫＰＩマネジメントを行なうときに事業部門のモチベーションが低下してしまう大きな原因の1つです。ですから、「ストレッチし、かつ実現可能な水準」が重要なのです。

では、そのような水準の目標設定を行なうために必要なポイントは何でしょうか。

235ページ以降の「場」の設定のところでも詳しく述べますが、事業部門長と上位組織長、そして経営企画部門との間でのコミュニケーションが重要です。上位組織長が組織としてあるべき姿に基づく目標水準を、事業部門が現場の状況に即して考えた目標水準をお互いに持ち寄って、経営企画部門のファシリテーター（調整役）の下でコミュニケーションを図り、「ここを目標水準にしよう」という合意形成を経ることによって、「ストレッチし、かつ実現可能な水準」の目標を設定することができるのです。

目標水準の設定において唯一無二の正解はありません。とはいえ、目標の設定時に参考にできる材料がまったくないわけでもありません。

それが、「**過去視点**」と「**社外視点**」です。

これらの視点に基づいて、組織としてあるべき姿を模索し、それをベースに事業部門との対話を重ねることによって、適正な水準の目標を設定することができます。では次に、それぞれの視点に基づく目標設定のあり方と注意点について順に説明していきます。

過去視点に基づく目標設定

KPIや運営指標の目標設定において、まずは過去の業績推移を参考にすることが考えられます。自部門の過去の業績推移から見て、今期はこれくらいの業績を目標にする、という設定は一般的ですし、複数の事業部門を抱える会社であれば、事業特性の似ている他の事業部門の業績を参考にして目標設定を行なうこともあるでしょう。立ち上げたばかりの新規事業部門の場合、過去に立ち上げて成功した新規事業の成長曲線を参考に、目標を定めるのも有効な方法です。

他の事業部門の業績を参考にして目標設定を行なうときに注意するべきポイントは、目標設定に影響を与える事業特性の要因をあらかじめ明確にしておくことです。事業特性が異なれば、売上の成長スピード、コスト構造が変わってきます。この点を踏まえて、目標設定を行なうべき事業部門の売上、コスト、利益に影響を与えるような事業特性に関わる要因を明らかにし、それらの要因と類似する要因を持つ事業部門の過去の業績データを参考にするとよいでしょう。

もう1つ、過去視点に基づく目標設定を行なうときに注意するべきポイントは、**過去と現在の事業環境の差を意識しなければいけない**ということです。例えば、市場の状況はどう変わっているのか、競合との力関係はどうなっているか、自社で使える経営資源は変化していること、といった視点を持ちながら、目標設定を行なわなければなりません。そうした点を意識せずに過去の実績を鵜呑みにすることは避けるべきです。

◉図表6-3　アパレルブランドの売上目標設定（イメージ）

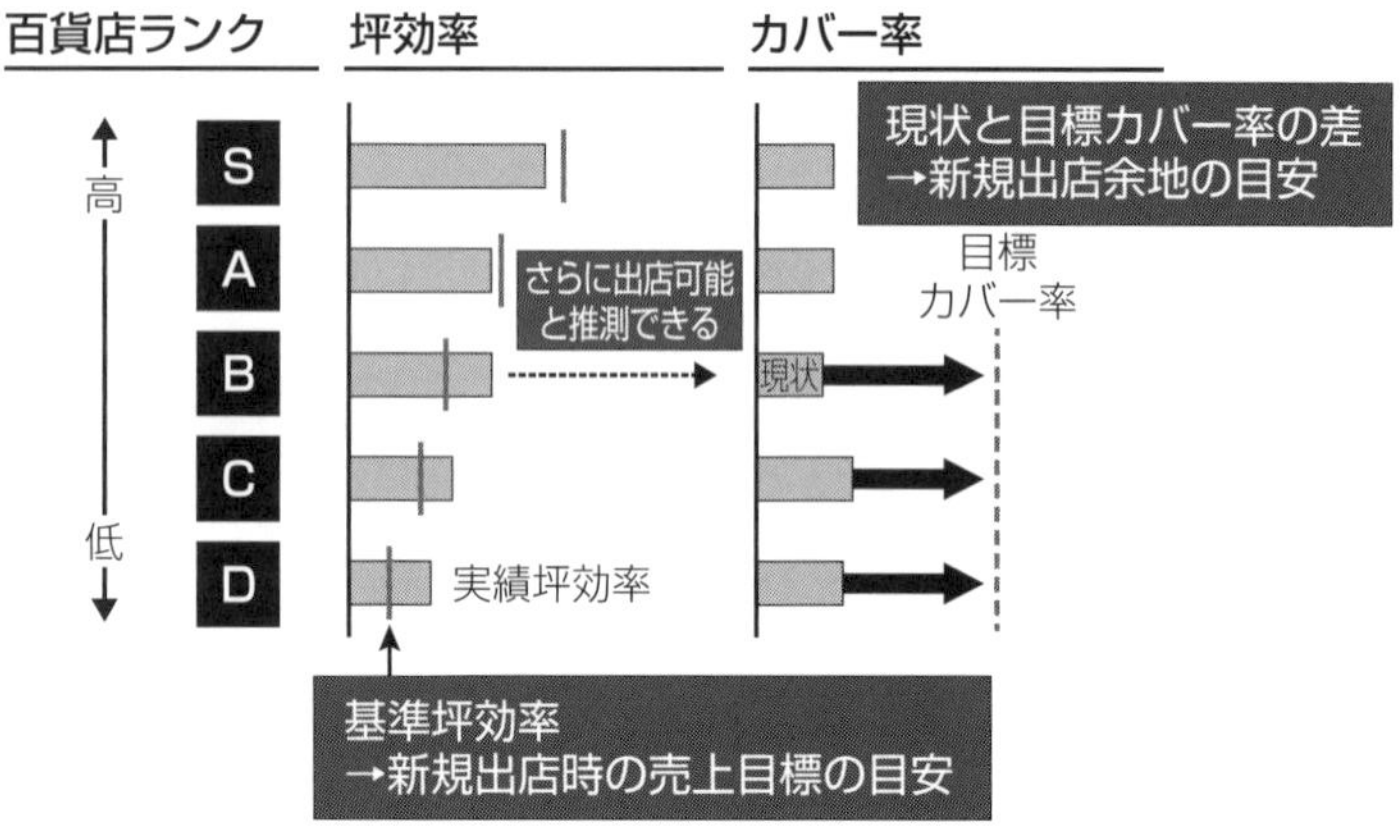

社外視点に基づく目標設定

過去視点と並んで、社外視点も目標設定時の助けとなります。例えば、**競合している他社の業績を参考にして、目標を設定する**などです。

この場合、競合他社と自社のポジションの違いなども考慮しながら、目標水準を設定することになります。例として、アパレルブランドの売上目標の設定について考えてみましょう。

アパレルブランドの売上目標を設定するときには、競合するブランドを含めた売り場面積当たりの売上高（坪効率）が参考になります。このときの考え方のイメージを図示したものが図表6－3です。

百貨店などでは、他社のブランドも含めた坪効率を平均値化することで、その百貨店で基準となる坪効率（基準坪効率）を算出することができます。例えば、新宿のような都心にある百貨店では基準坪効率は非常に高くなりますが、地方の百貨店などでは基準坪効率が低くなる傾向があります。詳細は割愛しますが、アパレルブランドの店舗の収益性はこの坪効率に大きく左右されますので、坪効率はこの業界の重要な運営指標の１つとなっています。

まず、坪効率の高い順に百貨店ランク（図ではＳ～Ｄの５つのランク）を定義し、それぞれのランクの基準坪効率を算出しておきます。百貨店ランク別の基準坪効率は新規出店時の売上目標の目安になりますから、今後の百貨店ランク別の出店計画と合わせれば、事業部門の売上目標を立てやすくなります。

さらに、実績坪効率はそのランクの百貨店への新規出店が可能かどうかを判断するときの目安になります。実績坪効率が基準坪効率を超えている場合、そのブランドの店は百貨店にとっても利益が出る店ですから、「出店してほしいブランド」ということになります。したがって、既存店の実績坪効率が基準坪効率を超えていて、かつそのランクの百貨店のカバー率が低いブランドの場合、さらに新規出店の余地があると判断できます。

こうした目安をベースにすることで、ストレッチし、かつ現実的な水準の目標を設定することができるのです。

KPIを難しくしすぎない

複雑すぎるKPIシステムは機能しない

ＫＰＩを活用したマネジメントを行なうときに気をつけたいのは、**KPIシステムを複雑にしすぎない**ということです。ＫＰＩを初めて導入するときには、どうしてもあれこれと詰め込みたくなるものですが、複雑にしすぎると事業部門の理解を得ることが難しくなり、事業部門にＫＰＩマネジメントを浸透させにくくなってしまいます。

例えば、第５章で取り上げた**カルビー**でも、ＫＰＩシステムをできるだけシンプルにすることをめざしています。松本晃氏が会長兼ＣＥＯに就任する以前は、万単位のデータが存在し、こうしたデータをグラフ化したものに目を通すには不眠不休で４日はかかるという「社内伝説」が生まれるほど、データ量が肥大化していたと言われます。

これでは、せっかく作成したデータを活かすのも難しくなってしまいます。ＫＰＩのシステムは、できるだけひと目でわかるような、シンプルなもののほうが機能させやすいのです。

◉図表6-4　BSC（バランスト・スコアカード）の考え方

視点	各視点の考え方
ビジョンと戦略	達成したいビジョン・戦略は何か？
↓ブレークダウンの道筋　↑達成への道筋	
財務の視点	成功するためには株主に何を提示するのか？
↓ブレークダウンの道筋　↑達成への道筋	
顧客の視点	ビジョンを達成するためには顧客に何を提示しなければならないのか？
↓ブレークダウンの道筋　↑達成への道筋	
内部ビジネス・プロセスの視点	顧客を満足させるためにはどのビジネス・プロセスに卓越しなければならないのか？
↓ブレークダウンの道筋　↑達成への道筋	
学習と成長の視点	ビジョンを達成するためには組織体はどのように学習し、改善していかなければならないのか？

出所：Kaplan and Norton（2001）をもとに筆者作成

ＫＰＩの導入時に、**ＢＳＣ（バランスト・スコアカード）**を使うことがあります。ＢＳＣは、ハーバードビジネススクール教授のロバート・Ｓ・キャプランとコンサルティング会社社長であるデビッド・Ｐ・ノートンが考案したものです。

ＢＳＣでは、図表６－４に示すように、財務的なＫＰＩの目標を達成するために、どのような下位の目標を達成する必要があり、それらの目標を達成するためにはどのような行動をとらなければならないのかを、「**財務の視点**」「**顧客の視点**」「**内部ビジネス・プロセスの視点**」「**学習と成長の視点**」という４つの視点で整理し、戦略の実行を促進します。

ＢＳＣの詳細については他書に譲りますが、ＢＳＣはビジョン・戦略をＫＰＩ

や運営指標、行動指標にブレークダウンするときの考え方として優れたものです。また、戦略を実行するための視点を4つに分類することで、どのような道筋で戦略を実行し、目標を達成するのかを明確に示すことができます。

ただし、BSCを導入する場合に問題になるのは、4つの視点それぞれについて網羅的に道筋を示そうとするばかりに、内容が複雑になりやすいことです。

とはいえ、戦略を実行するための道筋を示し、そのためにチェックすべき指標や行動を明らかにしたいときには、BSCは有効なツールです。例えば、最初はBSCを使って様々な指標と最終ゴールに向かう道筋を整理し、その後で重要な行動や指標に絞って、KPIや運営指標、行動指標として現場に設定する、といった「BSCの部分的活用」も効果的です。

KPIや運営指標をいくつ設定するか?

KPIや運営指標としては、いくつくらいの指標を設定すればよいのでしょうか。

これもケースバイケースなのですが、指標の数は多すぎても少なすぎてもダメ、というのが結論です。KPIや運営指標が多すぎると、それだけシステムが複雑になりますから、事業部門に浸透させることが難しくなります。また、**そもそもKPIや運営指標が多くな**

りすぎる場合には、戦略的に重要な目標が絞り込まれていない可能性が高いため、まず戦略の見直しから始めなければいけません。

一方で、**ＫＰＩや運営指標が少なすぎる場合には、目標達成のためにクリアすべき課題の分析が不十分**な可能性も考えられます。この場合、組織として最終的にあるべき姿と現状の姿を照らし合わせたうえで、どのような指標をＫＰＩや運営指標として設定すべきか、再検討する必要があります。

こうしたプロセスを経て、戦略上の組織としてあるべき姿を実現するために必要十分な数のＫＰＩや運営指標を設定することになります。数の目安を示すことは少し難しいのですが、20前後の指標数に落ち着くことが多いようです。カルビーの事例でも、指標の数を最大20として絞り込みを行ない、最終的には18の指標に落ち着いたとされていますから、これらの事例を踏まえると、**ＫＰＩと運営指標の数は15～20程度を目安にするとよい**でしょう。

ただし、この数はあくまで目安です。社内における会計リテラシーに不安がある場合には、より数を絞り込んだほうがよいでしょうし、20の指標ではあるべき姿を描くうえで不足する場合には指標数を増やさなければなりませんので、状況に応じて臨機応変に対応する必要があります。

KPIとPDCAの関係

PDCAの重要性

KPIを使ったマネジメントシステムを機能させるためには、PDCA（Plan Do Check Action）サイクルを回す必要があります。KPIを導入する目的は、KPIを使って現実のビジネスを改善していくことですから、目標と実績の差異を明らかにし、差異が生じた原因を突き止めてそれを改善していかなければなりません。

第5章ならびに本章では、かなりの紙幅を割いて主に「P（Plan）」にフォーカスしてきました。KPIの設計がうまくいかなければ、KPIを活用したマネジメントを成功させることはできないからです。

P（Plan）フェーズで適切なKPIのシステムを設計することができたら、次に求められるのは「DCA（Do Check Action）」のフェーズをきちんと回していくことです。

ここでは、特に「C（Check）」と、それを踏まえた「A（Action）」のフェーズにおいて重要なポイントについて取り上げていきます。

目標と実績の差異を明らかにする

Ｃフェーズでは、すでにＰフェーズで計画されたことが実行に移されている（Ｄフェーズが進んでいる）状態にあります。

ＫＰＩマネジメントのＣフェーズにおいて必要となるのは、ＫＰＩ、運営指標、そして行動指標の実績データ（実績値）を収集することです。実績データを収集しなければ、目標と実績の差異を明らかにすることはできませんから、実績データの収集はＣフェーズにおいて最も重要なことと言ってよいでしょう。可能であれば、ＫＰＩのプランニングを行なう段階で、実績データをどのように収集するかについて検討しておくべきです。

しかし、実績データを収集しやすいから、という理由でＫＰＩや運営指標を決めるのは本末転倒です。あくまで、戦略の達成度を測るのに有効なＫＰＩ、運営指標、そしてそれにつながる行動指標を設定し、それらのデータをいかにして収集するのかを考えておくべきです。２３０ページ以降でも説明しますが、ＩｏＴ（Internet of Things）を活用して各指標の実績データを収集することも有効です。

実績データが収集できたら、次は目標値と実績値の比較を行ない、その差異を明らかにします。この差異を踏まえて、次のＡ（Action）フェーズを進めていくことになります。

なお、目標値と実績値の差異を明らかにするために、ＫＰＩや運営指標、行動指標の目標達成度合いを色分けして「見える化」することも有効です。例えば、目標に対する現状の達成度に応じて赤、黄、緑、青などに色分けし、一目で目標の達成度合いが確認できるような工夫を行なうのもよいでしょう。

問題の真因にアプローチする

Cフェーズで目標値と計画値の間に差異が生じている場合、なぜそうなっているのか、原因の追及が必要です。

ＫＰＩが目標に対して未達である場合、どの運営指標が未達の原因となっているのかを探ります。さらに、未達の運営指標に対してはどの行動指標が原因になっているのか、遡りながら真の原因（真因）を追及していきます。

ＫＰＩが未達となっているとき、何らかの運営指標の未達が原因となっていることが明確な場合が多いので、このＫＰＩレベルの原因追及はそれほど難しくはありません。

しかし、運営指標が未達の原因を探るときには、少し注意が必要です。

運営指標レベルでの目標が未達となっているときのパターンとしては、大きく分けて次の２つがあります。

① 行動指標の目標値に対して実績値が未達であり、運営指標の目標も未達
② 行動指標の実績値は目標値を達成しているが、運営指標の目標は未達

①のパターンの場合は、行動指標の目標未達が運営指標の目標未達につながっている可能性が高くなります。したがって、行動指標の目標未達を引き起こしている原因（必要な行動を阻害している要因）を探し出し、それを取り除いて行動指標を目標レベルにまで引き上げていくことが必要になります。

行動指標が目標未達になる原因としては、多くの場合、経営資源の不足が挙げられます。例えば、営業活動上の目標を達成するのに十分な営業人員が確保できていないといったケースがあります。この場合、必要な経営資源を補強するか、または仕事のやり方を変えることで現有資源をより有効に活かすような対策をとることが必要です。

②のパターンの場合は、少し厄介です。なぜ行動指標は目標を達成しているのに、運営指標が未達になっているのか、その原因が複数考えられるためです。

1つの可能性として考えられるのは、運営指標を達成するためには、行動指標の目標水準をもっと高く設定しなければならないケースです。これは、Pフェーズにおいて安易な水準ではないストレッチした行動指標の目標設定ができなかった場合にも、そしてそもそも運営指標の目標設定が高すぎる場合にも起こります。この場合は、行動指標の目標値を上方修正するか、あるいは運営指標の目標値を下方修正することになります。

より複雑な対応が求められるのは、行動指標と運営指標の因果関係が正しくないケースです。この場合、現在の行動指標の目標達成が運営指標の目標達成に結びついていないということになりますので、新たな行動指標を検討し、その目標値を改めて設定し直さなければなりません。

行動指標と運営指標の間の因果関係に影響を与えている別の要因が働いている可能性もあります。例えば、マーケットにおいて顧客が求めているニーズに変化が見られたり、競合他社が新たな戦略をとっていたりする場合などでは、これまで有効だった行動が必ずしも有効ではなくなっている可能性もあります。この場合、市場、競合、自社の状況を見つめ直し、新たな行動指標や運営指標のあり方を検討し直さなければなりません。改めてPフェーズからPDCAを回していくことになります。

いずれにしても、**運営指標や行動指標において目標未達が起こっている場合、「なぜそうなっているのか？」という問いかけを繰り返していくことが重要**になります。そうした問いかけを通じて真因にたどり着くことができたら、それに対して改善アクションをとることで、KPIの目標達成をめざしていく、というのがAフェーズでの基本的な考え方です。

どれくらいの間隔でＰＤＣＡサイクルを回すべきか？

どれくらいの間隔でＰＤＣＡを回すのかも、なかなか難しい問題です。早めに打ち手を講じるためには、ＰＤＣＡサイクルは短ければ短いほどよいのですが、あまり短くしてしまうとＣフェーズやＡフェーズに要する工数がかさんでしまいます。

ビジネスの特性にもよりますが、ＫＰＩ、運営指標、行動指標の実績データの収集に時間やコストがあまりかからないのであれば、週次でのチェックも検討してもよいかもしれません。また、次ページで述べるように、ＩｏＴを活用して自動的に実績データを収集してＰＤＣＡを回すのであれば、行動指標と運営指標レベルでのＰＤＣＡをより短い周期（スパン）で回していくことも検討に値します。

一方、行動指標や運営指標の実績データを収集するのにある程度の手間と時間がかかるケースであれば、現実的には月次ないしは四半期でＰＤＣＡを回していくことになると思います。ＫＰＩに関しても、実績データをチェックし、目標値と実績値の差異の原因を追及し、アクションに反映させるにはそれなりの手間と時間がかかりますから、月次や四半期ぐらいのスパンでＰＤＣＡを回していくのが妥当ではないでしょうか。

カルビーの事例を見ても、２００９年以前は週次での実績データの更新が行なわれていましたが、実績データが頻繁に更新されすぎて有効に利用できず、また、資料作成の手間も膨大であったため、月次での更新に改められています。

ＫＰＩマネジメントのＰＤＣＡサイクルは短いほどよいとは言うものの、そこにかかる工数と効果をバランスさせることが重要です。

■ＩｏＴを活かしてＰＤＣＡを高速化する

最近、**ＩｏＴ（Internet of Things）**が脚光を浴びています。ここでは、ＩｏＴの技術的な詳細については触れずに、ＫＰＩを活用したマネジメントとＩｏＴの関わりについて解説します。

ＩｏＴとは、すべてのモノをインターネットに接続し、そこから得られたデータを様々なことに活用していくという考え方です。通常、ＩｏＴを使って改善活動を行なうときには、センサーなどでモノの情報を取得し、その情報を、インターネットを経由してクラウド・サーバなどにデータとして蓄積します。そして、蓄積したデータを分析し、その分析結果を現場にフィードバックしていくというプロセスになります。

製造現場においても、**ＩｏＴを活用することにより、行動指標の実績データをリアルタイムに収集することができますし、その収集コストも劇的に下がります。**前ページで説明したように、ＰＤＣＡサイクルを短期化することの問題点は実績データの収集と分析にかかる時間とコストの増大ですが、ＩｏＴを活用することでデータの収集時間とコストを圧縮し、ＰＤＣＡサイクルの短期化を容易に実現できる可能性があります。特に、行動指標の実績データの収集に関しては、ＩｏＴの活用は効果的だと考えられます。

　ＩｏＴを活用できるのは、何も大企業に限ったことではありません。最近では、中小企業でもＩｏＴを活用している会社が増えてきています。ここでは、そうした会社の１つである、**旭鉄工**の事例を取り上げたいと思います。

　旭鉄工は、愛知県碧南市に本社のある自動車部品メーカーです。旭鉄工がＩｏＴに取り組むきっかけとなったのは、トヨタからの部品増産の要望でした。通常であれば、生産設備に投資を行ない、増産体制を整えるところですが、設備投資は原価の増大にもつながります。旭鉄工にとって重要なＫＰＩの１つは製品の製造原価でしたから、これを低減させつつ、増産に応えていかなければならないというのが２０１４年ごろに旭鉄工が抱えていた課題だったのです。

　ＫＰＩを製造原価としたとき、主な運営指標として挙げられるのは、**稼働率**《かどうりつ》、**可動率**《べきどうりつ》、**不良率**です（次ページの図表６－５）。

　稼働率は、現在の生産能力に対して、製品需要がどれくらいあるかを表す数字です。稼働率が低いということは、生産設備がダブついて余計なコストがかかる要因になります。

　可動率は、稼働率の分母である生産能力に関わる数字で、設備の運転を想定している時

◉図表6-5　旭鉄工のKPI、運営指標、行動指標

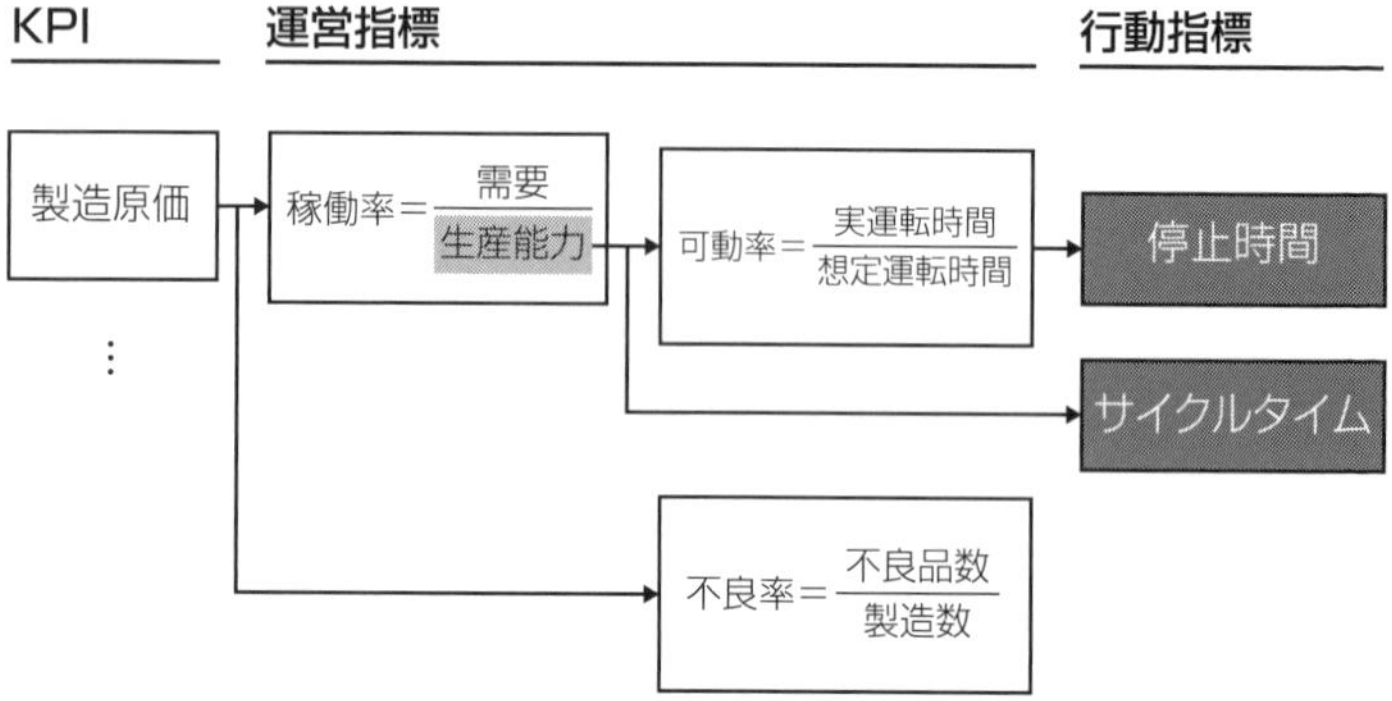

出所：同社ヒアリングなどをもとに筆者作成

間に対して、実際の運転時間がどれくらいだったかを表しています。実際の運転時間が短くなるほど、実働レベルでの設備の生産能力が落ちることになりますから、これも原価の押し上げ要因になります。

最後の不良率は、例えば製品を100個製造したときに、不良品が何個できてしまうかを表す数値です。

不良品は売り物になりませんから、不良率が高くなると原価が上昇してしまいます。

一方、不良率を下げると良品数が増えますから、限られた生産能力を有効に活用することができ、製造原価を低減することにもつながります。

旭鉄工が直面していた課題は、原価低減を実現するために、できる限り新規の設備投資を行なわずに増産することでした。

そこで同社がまず着目したのが、設備投資をせずに生産能力を高めるための、可動率アップです。可動率をアップさせるためには、設備の停止時間を削減する必要が

あります。設備の停止時間には、ラインに流す製品を変更するときに必要となる段替え（型や材料などを入れ替える作業）などの時間と、故障による予期せぬ停止に伴う時間がありますが、同社はそれらを短くすることで生産能力の向上を図ろうと考えました。

また、１工程ごとにかかる時間であるサイクルタイムを短くすることによっても生産能力の向上が見込めることから、１工程ごとのサイクルタイムも行動指標としました。これらの、停止時間とサイクルタイムの実績データを収集するために、同社はＩｏＴを活用することにしたのです。

同社が構築したＩｏＴによるデータ収集を行なうための仕組みは、安価に実現できるものでした。従来から使っていた製造設備に光センサーや磁気センサーなどを取り付け（これらのセンサーは昔から使われているローコストなものです）、機械がいつ動いていて、いつ止まっているか、サイクルタイムはどのように推移しているかなどのデータをリアルタイムで自動的に収集できるようにしました。

これによって、同社では実績データの収集に時間をかけることなく、すぐに「現地現物」に基づく分析と改善に着手できるようになりました。その結果、同社では設備の停止時間およびサイクルタイムを削減することに成功したのです。

実際、この取り組みを通じて、ある設備では生産個数が従来の約１・７倍にもなるなど、生産能力が飛躍的に向上しています。また、停止時間を削減したことにより、結果として工程内で生じる不良率も減少しました。これらが、同社の原価低減に大きく貢献しています。

この旭鉄工の事例からもわかるように、ＩｏＴを活用し、行動指標の収集にかかるコストと時間を大幅に削減することによって、実績データを使ったＰＤＣＡを回すスピードを高速化することが可能になります。

ＫＰＩマネジメントのＰＤＣＡを高速化できると、どのような改善を行なえば成果が上がるのか、というノウハウの蓄積スピードも速まります。今後は、こうしたＩｏＴ技術を活用したマネジメントサイクルの構築も検討すべきでしょう。

コミュニケーションを促進する「場」の設定がとても重要

KPIはコミュニケーションツール

KPIマネジメントが社内に浸透してくると、目標や実績に関する社内のコミュニケーションが円滑になります。

KPI、運営指標、行動指標の構造が頭に入っていれば、KPIの目標を達成するためにはどのような行動をとらなければいけないのか、いま、できていることは何で、できていないことは何なのかが明確になるからです。**KPIは、業績に関する社内でのコミュニケーションツール**とも言えるのです。

KPIがコミュニケーションツールである以上、**コミュニケーションを促進するための「場」の設定が欠かせません。**

ここでは、特に事業部門におけるKPIマネジメントを念頭に置いて、どのようにして効果的にコミュニケーションを促進するための場、つまりKPIマネジメントについて話し合うミーティングの場を設定するのかについて説明します。

どのタイミングでミーティングを設定するか？

まず考えるべきことは、どのタイミングで、コミュニケーションを促進するためのミーティングの場を設定するかです。多くの場合、最低でも**計画策定のタイミング**と、**期末における振り返りのタイミング**にはミーティングの場を設けることになります。

また、必要に応じて**期中の進捗チェックの場も設けると効果的**です。計画の進捗状況を確認し、必要な対策を検討することで、戦略の実行を確かなものにできるからです。ただし、あまり頻繁になるとミーティングの工数が大きくなりすぎるので注意が必要です。

進捗状況の確認の間隔としては、ビジネスの特性にもよりますが、一般的には**月次、四半期、半期のタイミング**が考えられます。

ＫＰＩマネジメントの導入当初は、マネジメント手法を浸透させるために月次でミーティングの場を設定し、慣れてきたら徐々に頻度を減らして四半期ごとや半期ごとに場を設定するといったやり方もあります。

どのようなことを検討すべきか？

では、それぞれのミーティングの場において、どのような点についてコミュニケーションを図る必要があるのでしょうか。

まず、**計画策定の段階では、会社のビジョンおよび戦略を確認したうえで、それをどのようにしてKPI、運営指標、行動指標にブレークダウンしていくのかを確認する**必要があります。

また、この段階で、数値目標の水準も設定しなければなりません。全社としてのＫＰＩを各事業部門に配分し、事業部門としてのＫＰＩの目標を設定することになります。それに合わせて、運営指標や行動指標の目標も設定します。加えて、事業部門における投資の計画なども確認しておく必要があります。

進捗チェックの場では、目標と実績の差異を明らかにするとともに、計画の進捗状況について確認しておく必要があります。また、その段階で得られている成果が十分でないと判断されるときには、対策の検討・立案も行なうことになります。この段階では、多くの場合、検討の中心は運営指標、行動指標の目標と実績の差異と、その原因になります。

最後に、期末の振り返りを行なうタイミングでは、進捗状況チェックと同じ項目に加え、ＫＰＩの目標達成状況についても精査し、業績の評価を行ないます。また次年度に向けて改善すべき項目についても洗い出しを行ない、次の計画策定に反映させていくことも重要です。

ファシリテーターの重要性

事業部門のＫＰＩマネジメントを行なうためのミーティングに参加するのは、通常、事業部門長、上位組織長、そして経営企画部門の担当者です。計画の策定段階では、各部門長と上位組織長の間で、ＫＰＩ、運営指標、行動指標を何に設定するか、そしてその目標水準をどう設定するかについてコミュニケーションをとり、それらについて合意・決定していくことになります。

ここで重要なのは、**上位組織長と事業部門長の間のファシリテーター（調整役）としての経営企画部門の役割**です。全社の利害と事業部門の利害は必ずしも一致しないことも多いため、双方にとってよい計画になるように、経営企画部門が議論を円滑に進める役割を担う必要があります。

ファシリテーションを効果的に進めるためには、単にその場で調整を行なうだけではなく、各事業部門の状況も勘案したうえで、どのようにして「**全体最適**」を実現するための計画とするのかを事前に検討しておくことが欠かせません。こうした検討を行なうためには、オフィシャルなミーティングの場以外に、事業部門や上位組織長のヒアリングを行なうなど、**事業部門の現状や全社的な戦略の方向性を十分に擦り合わせるための事前準備が重要**です。

コンサルFile6

ＫＰＩを機能させるには事業部門の「腹落ち」がポイント

本章の冒頭で、ＫＰＩの導入時に困惑する事業部門の話を取り上げました。ＫＰＩを導入する場合に事業部門を巻き込んでいくための方法については本章の本文中で詳しく説明しましたが、それに加えて**ＫＰＩの導入時には教育や研修が重要**です。ここで手を抜いてしまうと、ＫＰＩの導入はうまくいきません。従業員に対して教育や研修をきちんと行なわないと、ＫＰＩ導入初期の計画を策定していく段階から様々な問題が発生します。

例えば、よく見られるのは、全社の指針と事業部門の計画が十分に擦り合わされていないケースです。全社レベルの指針と事業部門の計画が大きく食い違っていると、事業部門長と上位組織長の間でのコンセンサスを得ることが非常に難しくなってしまいます。

また、このような場合、事業部門の目標が単なる数字合わせになってしまう傾向があります。事業部門の計画を全社の指針に無理やり合わせることで、いわゆる「仏を作って魂入れず」という状態に陥ってしまうのです。

施策・行動指標と、運営指標・ＫＰＩの整合性がとれていないケースも散見されます。運営指標やＫＰＩの数値目標が、行動指標の達成によって本当に実現されるのかが不明確だと、ＫＰＩを活用したマネジメントシステム自体の信憑性が低くなってしまいます。また、行動指標の目標の実現可能性が疑わしいような、高すぎる目標水準設定になってしまっていることもあります。

このような問題を引き起こさないようにするためには、事業部門に対するしっかりとした教育や研修が欠かせません。では、どのようなポイントを事業部門に伝えるべきでしょうか。大きく分けて、次の３つのポイントがあります。

① ＫＰＩ導入の目的と全社戦略との関係性
② ＫＰＩ、運営指標、行動指標を設定するときの考え方
③ 数値目標の水準を設定するときに気をつけるべきこと

まず、**最も重要なのは、ＫＰＩを導入する目的をしっかりと伝える**ことです。ＫＰＩを導入する最大の目的は戦略の実行を確実に遂行することですから、全社戦略の内容についても理解を深めてもらう必要があります。

また、ＫＰＩを導入する場合、給与やボーナスなどの人事や処遇に影響があるかどうかについても従業員にとっては気になるポイントですから、ＫＰＩが処遇に関係するのかどうか、処遇に反映させるならばどのタイミングから行なうのか、といった点についてもきちんと説明しておくべきです。

2つ目に、**KPI、運営指標、行動指標を設定するときの考え方を丁寧に説明しておく**必要があります。前章およびび本章のなかでも取り上げましたが、KPI、運営指標、行動指標とは何か、それぞれの関係性はどうなっているのか（行動指標の目標達成が運営指標の目標達成につながり、その結果としてKPIの目標が達成されるということ）を理解してもらいます。

また、KPIの目標を達成することで全社としての戦略目標が達成されるということも伝えるべき重要なポイントの1つです。

数値目標の水準の設定についても、217から219ページで紹介したような**過去視点、社外視点に基づく方法など、当てずっぽうではない、様々な目安を活用した方法を提示しながら、目標水準の設定のポイントを事業部門に対してわかりやすく説明します**。また、数字の実現可能性についても取り上げ、とても実現できないような行動計画が出てこないようにしておく必要もあります。

特に、中長期的な目標および行動計画において、事業部門はバラ色の内容を考えてしまいがちになるので、あくまで現実的に可能な水準であり、かつ安易すぎない目標および行動計画にするように指針を示さなければなりません。

事業部門にKPIマネジメントを浸透させるためには、KPIを活用したマネジメントシステムの必要性、そしてKPIの運用の仕方が事業部門で「**腹落ち**」している状態にしないといけません。

そのためには、教育や研修の内容も十分に吟味する必要があります。

実際に研修などを行なうときには、例えば、過去のデータを使ったモデルケースを示すなどして、**事業部門がKPIの計画策定や活用の方法を具体的にイメージできるようにする**とよいでしょう。

また、事業部門がKPI、運営指標、行動指標の目標および計画のたたき台を作成した後、それを精査してフィードバックするのも有効です。

とにかく、**会計思考力**をフル活用しながら、根気強く、時間もかけて、KPIを事業部門に「腹落ち」させることが大切なのです。

おわりに

本書は、私が経営コンサルティング会社に勤務していた約8年間、そして大学およびビジネススクールの教員に転じてからの約10年間を通じた経験を踏まえて執筆しています。この約20年の間に、日本企業を取り巻く事業環境は大きく変化してきました。

20年前と比較して、会社経営において会計の数字を活かすことの重要性は、経営者層やスタッフ部門を中心にかなり浸透してきたと感じています。

その一方で、現場で働くビジネスパーソンの間では、相変わらず会計に対する苦手意識が根強く残っています。自身のスキル向上やＭＢＡの取得をめざしてビジネススクールに入学する社会人のなかに、マーケティングや経営戦略、組織マネジメントなどに強い関心を示す一方で、会計やファイナンスといった分野を敬遠する人が少なくないことは、その苦手意識の根強さを物語っています。

しかしながら、日本企業がさらなる飛躍を遂げるためには、現場に対しても会計の考え方を浸透させ、共通言語としての会計を活用していく姿勢が欠かせません。また、事業活動において会計を活かしていくときに求められるのは、会計の専門家としての知識ではなく、会計の数字と実際のビジネスとを突き合わせながら、経営の現実に対して格闘する能力です。本書が、そうした「会計思考力」の養成、ひいては日本企業の競争力向上に向けて、微力ながらもその一助となることができたら、これに勝る喜びはありません。

「はじめに」でも述べたように、本書は私の経営コンサルティング業界における実務経験も踏まえて執筆しています。コンサルティング会社に勤務している間のクライアント企業との濃密なやり取りのなかで感じたことが、本書のバックボーンとなっています。

また、第6章の執筆にあたって、旭鉄工株式会社代表取締役社長　木村哲也氏をはじめとした同社の方々には、ＩｏＴを活用した製造現場改革の取り組みについての調査にご協力いただきました。こうした知見を与えてくれた、すべての企業の方々に対して深く感謝の意を表します。

本書の内容については、青木康晴氏（一橋大学大学院商学研究科）、渡辺丈洋氏（中京大学経営学部）から貴重なコメントをいただきました。加えて、中京大学の同僚、そして中京大学ビジネススクールの社会人大学院生とのやり取りのなかから得られた様々なヒントが、本書を執筆するうえでの大きな助けとなりました。心から感謝申し上げます。

本書のめざすべき内容に対して賛同し、出版の機会を提供してくださった日本実業出版社に謝意を表します。特に同社第一編集部の皆さんには、本書のコンセプトを固める段階から、執筆中に至るまで親身にサポートしていただき、完成に向けて私とともにＰＤＣＡ

サイクルを回し続けてくれたお陰で、本書を世に出すことができました。

紙幅の関係上、すべてのお名前を記すことは叶いませんが、本書の完成までに様々な形でお力添えをいただいた方々に対し、心からの感謝を申し述べます。

最後に、私事にわたることをお許しください。本書の執筆に際し、家族の存在は、私にとっての大きな励みであり、助けでもありました。とても感謝しています。

２０１７年９月

矢部　謙介

※本書では、各社の有価証券報告書やアニュアルレポートなどの公表資料に加えて、以下の文献も参考にして記述しています。

Robert Kaplan and David Norton, *The Strategy-focused Organization*, Harvard Business School Press, 2001.（キャプラン、ノートン著、櫻井通晴監訳『キャプランとノートンの戦略バランスト・スコアカード』東洋経済新報社、２００１年）
「カルビー なぜエクセルの項目が20までなのか」（プレジデント２０１３年12月２日号）
「財務指標、現場へ『翻訳』」（２０１６年１月27日付日経産業新聞）
「パナソニック 事業別の『内部資本金』で成長加速」（日経ビジネス２０１６年３月14日号）
「カルビー 松本流、『単純指標』使い社内改革」（日経ビジネス２０１６年６月13日号）
「ＥＶＡ経営　現場に浸透」（２０１７年４月１日付日本経済新聞朝刊）

矢部謙介（やべ　けんすけ）
中京大学経営学部教授。専門は経営分析・経営財務。1972年生まれ。慶應義塾大学理工学部卒、同大学大学院経営管理研究科でMBAを、一橋大学大学院商学研究科で博士（商学）を取得。
三和総合研究所（現三菱UFJリサーチ＆コンサルティング）および外資系経営コンサルティングファームのローランド・ベルガーにおいて、大手企業や中小企業を対象に、経営戦略構築、リストラクチャリング、事業部業績評価システムの導入や新規事業の立ち上げ支援といった経営コンサルティング活動に従事する。その後、現職の傍らマックスバリュ中部株式会社社外取締役や中央大学大学院戦略経営研究科兼任講師なども務める。
著書に『武器としての会計ファイナンス』（日本実業出版社）、『日本における企業再編の価値向上効果』『成功しているファミリービジネスは何をどう変えているのか？（共著）』（以上、同文舘出版）などがある。

武器《ぶき》としての会計《かいけい》思《し》考力《こうりょく》 会社《かいしゃ》の数字《すうじ》をどのように戦略《せんりゃく》に活用《かつよう》するか？

2017年11月１日　初版発行
2018年12月10日　第５刷発行

著　者　矢部謙介
発行者　吉田啓二

発行所　株式会社日本実業出版社　東京都新宿区市谷本村町3−29 〒162-0845
大阪市北区西天満６−８−１ 〒530-0047
編集部　☎03-3268-5651
営業部　☎03-3268-5161　振　替　00170−1−25349
https://www.njg.co.jp/

印刷・製本／三晃印刷

この本の内容についてのお問合せは、書面かFAX（03−3268−0832）にてお願い致します。
落丁・乱丁本は、送料小社負担にて、お取り替え致します。

ISBN 978-4-534-05532-3　Printed in JAPAN